REINHOLD JANTZEN

mit Willi Andresen

Hamburger mit Herz

Mein Leben zwischen
Hamburg und Bali

REINHOLD JANTZEN

Hamburger mit Herz

Mein Leben zwischen
Hamburg und Bali

• • •

Erinnerungen und Erlebnisse

• • •

Erzählt von Honorarkonsul ret.
Reinhold Jantzen

• • •

Konzipiert und geschrieben von
Willi Andresen

Impressum

Bibliografische Information der Deutschen Nationalbibliothek.
Die Deutsche Nationalbibliothek verzeichnet diese Publikation
in der Deutschen Nationalbibliografie, detaillierte
bibliografische Daten sind im Internet über http://dnb.dnb.de
abrufbar.

Originalausgabe
© 2018 Willi Andresen & Reinhold Jantzen
E-Mail: Willi.Andresen@t-online.de
Alle Rechte vorbehalten.
Herstellung und Verlag:
BoD – Books on Demand, Norderstedt

ISBN: 978-3-7481-4971-2

Inhalt

Vorwort
Warum erzähle ich Euch meine Memoiren?   9

Anmerkungen
Gedanken des Autors   11

Kapitel 1
Die Hölle im Paradies   13

Kapitel 2
Immer im Einsatz   39

Kapitel 3
Unvergessliche Momente   69

Kapitel 4
Der Präsident ist weg!   87

Kapitel 5
Der erste und letzte Exot   97

Kapitel 6
Lob und Ehre   109

Kapitel 7
Mein Start ins Leben   129

Kapitel 8
Das Tor zur Welt   143

Kapitel 9
Der Zucker-Deal von Sri Lanka   155

Kapitel 10
Vater und Sohn erobern die Welt   161

Kapitel 11
Abschied und neue Liebe   173

Kapitel 12
Starke Frauen   191

Kapitel 13
Heimweh und Weihnachten   197

Kapitel 14
Speedboat in Seenot   205

Kapitel 15
Der Trick mit dem Ölfass   213

Kapitel 16
Fischwürste und Oktoberfeste   223

Kapitel 17
Strohmänner und Kredithaie   233

Kapitel 18
Meine Familie 249

Kapitel 19
Konkurrenz & Herausforderungen 257

Kapitel 20
Sicher, sauber, solide 263

Kapitel 21
Helfen statt nur hoffen 279

Kapitel 22
Bedugul – mein Lebenstraum 295

Kapitel 23
Und zum Schluss 307

Kapitel 24
Danksagung 313

Kapitel 25
Mein Autor 315

Kapitel 26
Bildnachweis 317

Kapitel 27
Index 321

Vorwort

Warum erzähle ich Euch meine Lebenserinnerungen?

Das Leben kann so schön und interessant sein. Für jeden von uns. Doch leider hat nicht jeder die gleichen Chancen im Leben. Ich habe meine Chancen genutzt. Und meist sehr hart dafür gearbeitet. Es war nicht immer einfach, manchmal brutal und schwierig. Doch ich habe ein Ziel erreicht. Mein Ziel. Für dieses Ziel bin ich weit gereist, fast um die ganze Welt. Eine sehr lange und weite Reise. Diesen Weg dahin musste ich festhalten. In Wort und in Bild. Für mich UND für Euch. Folgt mir auf dieser Reise durch Zeiten und Welten, Wandel und Veränderungen, Begegnungen und Bekanntschaften, Erlebnisse und Ereignisse, Freundschaften und Geschäftskontakte, Meetings und rauschende Feste, Arbeit und Freizeit, Höhen und Tiefen, Leid und Glück. Es waren tolle Zeiten und wunderbare Jahre, die ich als Honorarkonsul auf Bali und als Geschäftsmann niemals missen möchte. Es hat sich wirklich gelohnt!

Reinhold Jantzen, Sanur/Bali, 2018

Anmerkungen

Gedanken des Autors

Memoiren, Autobiografie, Biografie? Welche literarische Form ist die beste, um einem langen und erlebnisreichen Leben gerecht zu werden? Wie soll man ein bewegtes und aufregendes Leben erzählen? Informativ, spannend, unterhaltsam, persönlich – originell soll es natürlich sein. Wir haben intensiv über den Stil und die Form dieser Darstellung dieses einen Lebens nachgedacht. Und haben uns für eine ganz individuelle, vielleicht ungewöhnlich neue Variante entschieden. Wir wechseln und springen zwischen den unterschiedlichen Formen des Erzählens und Berichtens hin und her. Erzählung und Information, Porträt und Eigendarstellung, Egoismus und kritische Abwägung, Zitat und Zeitungsartikel, Lebensgeschichte und Zeitgeschichte, Chronologie und individueller Zeitstrahl. Nur so werden wir unseres Erachtens diesem einen Leben am besten gerecht. Von Hamburg nach Bali – die Reise eines langen und bewegten Lebens, die Honorarkonsul Reinhold Jantzen rund um den Globus führte. Auf diesem weiten Weg ist über die Jahre so unendlich viel geschehen. Und dieser Weg des Lebens geht noch viel weiter.

Willi Andresen, Bali und Hamburg, 2018

Kapitel 1

Die Hölle im Paradies

Am 12. Oktober 2002 ereignete sich ein furchtbarer Bombenanschlag auf Bali, der die ganze Welt erschütterte. Und zwar in der Stadt Kuta. Wir hatten dort in der Nähe, wo die Bombe explodiert ist, ein Restaurant. Es muss etwa um elf Uhr nachts gewesen sein, als das Unglück passierte. Wir lagen im Bett, in unserem Haus in Sanur, meine Frau hatte bereits geschlafen. Und dann hörten wir ein kurzes heftiges Bumm, haben uns dabei aber nichts Besonderes gedacht. Wir sind dennoch raus in den Garten gegangen und haben geguckt und gehorcht, was da wohl los ist. Kurz darauf kriegten wir einen Telefonanruf von unserem Restaurant: „Oh, Herr Jantzen, da ist etwas passiert! Da ist eine Bombe hochgegangen." Ich habe mich umgehend mit meiner Frau ins Auto gesetzt und wir sind direkt dort hingefahren. Als wir in die Hauptstraße einbiegen wollten, war bereits al-

Am Morgen nach der schweren Bomben-Explosion: Indonesiens Präsidentin Megawati Sulkarnoputri und der oberste Polizeichef Kapolda (Bild li.) am Ort des Anschlages in Kuta. Ein australischer Abgesandter der Sonderermittlungsgruppe inspiziert mit General Drs. Daì Bachtiar die Lage (Bild re. o.). Zerstörte Häuser und demolierte Autos in der Straße. Ein Bild des Schreckens und Horrors, das alle Beteiligten nie vergessen werden.

les abgesperrt. Zum Glück kenne ich die Leute dort, vor allem auch die Polizei, die mich seit vielen Jahren als Honorarkonsul kannten, und die haben mich ohne große Probleme durchgelassen. Auf dem Weg zu der Unglücksstelle herrschte ein fürchterliches Chaos. Die Straße stand vollkommen unter Wasser. Ich sah Holzbalken glimmen und ich sah auch noch das schwelende Feuer. Irgendwo entdeckte ich einen

Motorradhelm, wo nur noch der Kopf drinsteckte. Der Kopf war einfach abgerissen! Ich kann mich noch heute an diesen fürchterlichen Qualm erinnern. Wie auch an den grauenvollen Geruch von verbranntem Fleisch.

Vor Ort habe ich zum HP-Telefon gegriffen – das Telefon funktionierte zum Glück noch zu der Zeit – und habe die deutsche Botschaft in Jakarta angerufen. Danach habe ich Herrn Hasenpusch angerufen, der Bereitschaftsdienst hatte. Er war aber nicht zu erreichen. Es dauerte nicht lange, da rief er mich zurück und fragte: „Ja, was ist denn los?" Da habe ich ihm gesagt: „Ich stehe hier vor dem Platz, wo die Bombe hochgegangen ist. Auf der Straße ist ein riesiges Loch, wo die Bombe explodiert ist. Und hier liegen ganz viele Tote herum." Daraufhin fragte er nach: „Ja, was meinen Sie, Herr Jantzen? Wie viele Tote sind das denn?" „Mindestens zweihundert", antwortete ich. Ich weiß, wie belebt die Straße normalerweise ist, und ich weiß, wie viele Leute hier immer draußen rumstehen. Allein die ganzen Taxifahrer, die die Touristen und Restaurantbesucher nach Hause bringen wollen, und natürlich die Türsteher – in dieser Straße stehen zu dieser Zeit immer sehr viele Leute rum. Doch an diesem Abend stand hier, als ich ankam, keiner nur einfach rum. Die Leute haben unermüdlich geholfen und die vielen Leichen weggeschleppt. Wir sind zu unserem Restaurant gegangen, wo ich erfuhr, dass zwei und nicht nur eine Bombe explodiert waren. Die kleinere erste in „Paddy's Bar". Dort brach sofort Panik aus und die Gäste drängten auf die Straße. Vor dem gegenüberliegenlden „Sari Club" explodierte dann wenig später die zweite Bombe in einem parkenden Auto und richtete dort einen verheerenden Schaden an. Wirklich grauenvoll!

Unser „Mama's German Restaurant" war im bayerischen Stil eingerichtet, mit großen langen Bänken und so. Dort hatte man viele Verwundete draufgelegt. Von dort aus wurden die Verwundeten auf Motorrädern in die umliegenden Krankenhäuser transportiert, indem der Mitfahrer auf dem Rücksitz jeweils einen Verletzten im Arm hielt. Krankenwagen gab es ja nicht. Ich habe dann wieder mit Herrn Hasenpusch telefoniert und ihm kurz mitgeteilt: „Ich fahre jetzt zu den Krankenhäusern und werde mich vor Ort erkundigen, wie viele Verletzte dort eingeliefert wurden."

Bruno Hasenpusch war 2002 als Militärattaché in der deutschen Botschaft in Jakarta tätig. Er erinnert sich sehr gut an den Bomben-Anschlag: „Es war eine Koinzidenz der Fälle. Ich hatte die Nachricht im Radio gehört. Ich wollte Herrn Jantzen anrufen, doch er rief mich exakt eine Minute vorher an. Ich hatte an dem Abend Bereitschaftsdienst in der Bot-

schaft in Jakarta. Für mich war das ein absoluter Glücksfall, dass er sofort reagiert hat. Ich habe die Verbindung zu ihm gehalten. Militärisch gesehen war Herr Jantzen bei dieser Katastrophenhilfe so etwas wie der vorgeschobene Gefechtsstand. Ein Glücksfall für alle."

Ich habe alle Krankenhäuser in der Umgegend aufgesucht und nachgeforscht, ob dort Deutsche eingeliefert worden waren. Danach fuhr ich ins Zentralkrankenhaus Sanglah, wo ich nur kurze Zeit später eingetroffen bin. Gemeinsam haben wir alle versucht zu helfen. Vorrangig haben wir vom Konsulat uns erst einmal um die verletzten Deutschen gekümmert. Ich habe zu meiner Mitarbeiterin Frau Eling gesagt: „Frau Eling, Sie müssen sich nur um eins kümmern: Wir müssen genau wissen, wie viele Deutsche unter den Verletzten sind, wo diese liegen und wie schwer sie verletzt sind." Das haben wir auch gemacht. An diese Situation kann ich mich noch sehr gut erinnern. So etwas bleibt ewig im Kopf haften.

Auch die Berichterstattung in den Medien sorgte dafür, dass die Bilder über die Katastrophe rund um die Welt gingen und noch heute in Erinnerung sind – nicht nur bei den Betroffenen. Fast jede Zeitung und jede News-Show berichtete damals aktuell über das Ereignis. So lieferte auch das deutsche Nachrichtenmagazin „Der Spiegel" unter anderem folgende Meldung über den verheerenden Bombenanschlag:

„Kuta/Indonesien – Tausende Touristen bemühten sich heute um eine Rückflugmöglichkeit in die Heimat. Bei dem Anschlag kamen nach jüngsten Angaben mindestens 188 Menschen um Leben, die meisten von ihnen Australier. Die australische Luftwaffe setzte drei Transportmaschinen vom Typ Hercules C130 ein, die Schwerverletzte nach Darwin brachten. In Sydney und Perth trafen leichter Verletzte mit Sonderflügen der Gesellschaft Qantas ein... Beamte der australischen Bundespolizei und des Geheimdienstes trafen in der Nacht in Bali ein, um die indonesischen Behörden bei den Ermittlungen zu unterstützen. Ein ranghoher Beamter des Weißen Hauses in Washington erklärte, auch US-Ermittler seien bereits am Tatort eingetroffen.... Zum Zeitpunkt der Anschläge befanden sich Schätzungen zufolge 20.000 Australier auf Bali. Die Insel liegt nur vier Flugstunden von Perth entfernt. Der ‚Sari Club' in Kuta Beach, der von einer der Bomben völlig zerstört wurde, war bei Australiern besonders beliebt.... Mehr als 300 weitere Personen, darunter acht Urlauber aus Deutschland, wurden bei dem Bombenattentat verletzt. Viele erlitten Brandwunden. In der balinesischen Hauptstadt Denpasar bildeten sich vor den Krankenhäusern lange Schlangen *von Einheimischen und Touristen, die für die Verletzten Blut spenden wollten." [Der Spiegel, 14. Oktober 2002]*

Ja, es war ja ein unglaubliches Chaos. Die Leichenhalle beim Zentralkrankenhaus war total überfüllt. Die Räumlichkeiten reichten längst nicht aus, um die vielen Leichen unterzubringen. Daraufhin hat man draußen vor der Leichenhalle einen Kühlcontainer aufgestellt und die Leichen reingestapelt – vor allen Dingen die vielen Leichenteile. Die deutsche Botschaft schickte mir zwei oder drei Leuten, auch vom Konsulat aus wurden wir unterstützt und haben dem Erkennungsdienst bei seiner Arbeit geholfen – soweit es halt in dem unglaublichen Chaos ging. Ich kann mich noch erinnern, dass ein Mitarbeiter vom Erkennungsdienst einige Tage später mit einer Uhr in einer Plastiktüte zu uns ins Konsulat kam, die identifiziert werden sollte – nur eine nackte Armbanduhr, sonst nichts! Dieses Armband stank furchtbar. Es herrschte das totale Chaos, doch alle packten mit an und wollten helfen. Solch eine unglaubliche Katastrophe wie das Bombenattentat in Kuta hatte die Touristeninsel Bali bis dahin noch nicht erlebt. Das Ausmaß war unvorstellbar. Heute kann man sich die Dimension des grauenvollen Geschehens in vielen Artikeln und Foren im Internet noch einmal vor Augen holen. So liefert auch das weltbekannte

Wissens- und Internetportal Wikipedia folgenden Eintrag zum Bombenattentat 2002 auf Bali:

„Am Samstag dem 12. Oktober, etwa 23:05 Uhr Ortszeit (15:05 UTC), explodierte in Paddy's Bar eine elektronisch gezündete Bombe, vermutlich in einem Rucksack versteckt. Die Bombe war klein und wirkungsvoll und tötete den Rucksackträger, einen mutmaßlichen Selbstmordattentäter. Die Verletzten flohen aus dem Lokal auf die Straße. Etwa zehn bis fünfzehn Sekunden später fand eine zweite Explosion vor dem Sari Club statt, die durch eine fast 1 t schwere in einem weißen Mitsubishi Van versteckte und mit einer Fernbedienung gezündete Autobombe ausgelöst wurde. Fast gleichzeitig explodierte eine Bombe vor dem Konsulat der USA in der Inselhauptstadt Denpasar, die aber nur Sachschaden anrichtete. In Kuta bot sich ein Bild der Zerstörung, Verletzte und Tote lagen auf der Straße, Menschen liefen in Panik und Verzweiflung umher. Die Bombe zerstörte Fenster in der ganzen Stadt und hinterließ einen fast anderthalb Meter tiefen Krater im Boden. Das örtliche Krankenhaus war nicht in der Lage, die vielen Verletzten, die meisten mit Brandwunden, zu behandeln. Viele Schwerverletzte flog die australische Luftwaffe nach Darwin und in andere australische Städte aus. Die endgültige Anzahl der Opfer lag bei 202, mehrheitlich Besucher der beiden Bars.

Mehrere hundert Menschen litten an Verbrennungen und anderen Verletzungen. Die größte Gruppe der Opfer mit 88 Personen waren australische Urlauber. Außerdem starben 38 indonesische, 26 britische, 7 amerikanische, 6 deutsche, 5 schwedische, 4 niederländische, 4 französische, 3 schweizerische, 3 dänische und Staatsangehörige anderer westlicher Nationen. Drei Leichen blieben unidentifiziert und wurden im September eingeäschert. Das ‚Bali bombing' wird manchmal als ‚Australiens 11. September' gesehen, wegen der hohen Anzahl australischer Todesopfer und Verletzter."

Ich muss sagen, dass vor allem die Australier ganz hervorragend gearbeitet haben. Ein Lobgesang auf die Australier! Das deutsche Konsulat und das australische Konsulat haben nach dem Bombenanschlag sofort sehr gut kooperiert. Die Australier haben bei all den Menschen, die schwerverletzt waren, niemals nach der Nationalität gefragt, auch nicht nach Pässen oder nach irgendetwas Anderem. Sie haben einfach nur all die Schwerstverletzten in Flugzeuge gepackt und diese nach Australien zu Spezialkliniken in Krankenhäusern geflogen und dort verteilt. Sie haben nur auf den Grad der Verletzung geachtet und danach gehandelt. Unentwegt wurden die Verletzten und auch die unversehrt gebliebenen aber total verängstigten Menschen ausgeflogen, bis irgendwann die Indonesier kamen und Pass und Visa verlangten. Da haben die Australier zu Recht gesagt: „Jetzt ist Schluss!" Plötzlich verlangte die indonesische Einwanderungsbehörde nach Pässen von allen Leuten, auch von den Schwerverletzten. Das hat die

Mit meinem australischen Kollegen, Botschafter Bill Farmer (li.), gab es beim „Bali bombing" 2002 eine perfekte Zusammenarbeit.

Australier unheimlich verärgert, was ich sehr gut verstanden habe. So war das wirklich! Unglaublich! Zum Glück haben sie dieses unangebrachte bürokratische Verhalten eingesehen und sehr schnell eingestellt. Also, ich muss es noch mal ganz deutlich sagen: Die Australier haben nach dem Bombenanschlag unglaublich toll geholfen. Sie haben sogar Sandwiches eingeflogen für das Personal und für die vielen Helfer in den Krankenhäusern vor Ort in Denpasar. Ich muss das immer wiederholen: Ganz hervorragend!

Offizielle Andacht von Honorarkonsul Reinhold Jantzen als Vertreter der Bundesrepublik Deutschland am „Ground Zero" nach dem Bombenanschlag 2002 in Kuta.

Die Straße, in der dieses fürchterliche Bombenattentat damals passierte, wurde total zerstört. Auch unser „Mama's German Restaurant" war davon betroffen und wir haben es nicht wiedereröffnet. Nach balinesischer Sitte ist das viele Blut, welches im Restaurant geflossen war, kein gutes Omen und so wollte das balinesische Personal dort nicht mehr arbeiten.

Wir haben das Restaurant also endgültig geschlossen, hatten aber damals schon ein anderes „Mama's German Restaurant" einige hundert Meter entfernt eröffnet, welches bis zum heutigen Tag 24 Stunden täglich zahlreiche Gäste aus aller Welt empfängt.

In Anwesenheit aller diplomatischen Vertreter auf Bali sowie den Botschaftern aus USA, Schweden, Großbritannien und Neuseeland wurden in Kuta die Grundstücke, die vom Bombenanschlag betroffen waren, vier Wochen nach dem verheerenden Attentat an die Grundbesitzer freigegeben.

Aber auch wir Deutschen waren gut vorbereitet. Ich hatte schon 1997 zusammen mit Bruno Hasenpusch ein Sicherheitskonzept für deutsche Staatsbürger in Indonesien entwickelt. Hasenpusch war damals Militärattaché an der deutschen Botschaft in Jakarta. Es war zu Zeiten des diktatorischen Suharto-Regimes und der sogenannten „friedlichen Revolution", die in Jakarta stattfand und die schließlich zum Sturz des indonesischen Staatspräsidenten, General Haji Mo-

Krisensitzung 1998 in Denpasar mit Oberstleutnant Bruno Hasenpusch (m.), Brigade-General Kasdam Brigjen William T. da Costa Kodam IX (re.) und meine Wertigkeit (li.) für ein Sicherheitskonzept für Deutsche in Indonesien. 2002 beim „Bali bombing" kamen die Überlegungen dann praxisnah zum Einsatz.

hamed Suharto, führte. Die Indonesier sprechen immer von der „Reformation", wenn es um die damaligen politischen Umwälzungen geht. Im Sommer

1998 demonstrierten viele Menschen, vor allem Studenten, in der Hauptstadt Jakarta und forderten den Rücktritt von Präsident Suharto. Es gab Ausschreitungen und die Europäische Union hatte Ausreise-Empfehlungen für europäischen Staatsbürger ausgegeben. Im Mai wurden alle EU-Bürger aufgefordert, das Land zu verlassen. Davon waren auch rund 2.500 Deutsche betroffen, die in jenen Tagen entweder in Indonesien lebten und arbeiteten oder dort zu jener Zeit einfach nur Urlaub machten.

Bruno Hasenpusch traf Reinhold Jantzen erstmals 1985 in privater Mission. Er war Lehrgangsteilnehmer an der indonesischen Führungsakademie und machte mit seiner Familie Urlaub auf Bali. „Da habe ich natürlich den deutschen Honorarkonsul Jantzen besucht. Ich war damals in keiner offiziellen Funktion tätig. Ich habe den Kontakt unter dem Aspekt gesucht, weil mich dort die deutsche Repräsentanz interessiert hat, falls ich irgendwann mal als Militärattaché nach Indonesien zurückkehren sollte. Also habe ich dem deutschen Honorarkonsul meine Aufwartung gemacht. Reinhold Jantzen war eine schillernde Persönlichkeit. Sehr freundlich. Ich fand es damals beachtlich, nachdem ich mich bei seiner Büroleiterin angemeldet hatte, kam zwei Stunden später in unser Hotel eine Einladung zum Essen mit dem Honorarkonsul am darauffolgenden Abend. Er war sehr freundlich und ich war von vornherein sehr positiv eingenommen, weil er einfach ein Macher gewesen ist. Und, was für mich wichtig war, er hat mich sehr schnell in die Indonesienlage eingeführt. Was für mich von Bedeutung war. So erfuhr ich aus erster Hand: Welche Rolle spielt Bali? Welche Funktion hat er als Honorarkonsul im Netzwerk der deutschen Botschaft mit den drei Honorarkonsulaten, die es damals gab? Das war sehr interessant und für mich sehr positiv aufgrund seiner sofortigen Reaktion. Ich war ja damals nur kleiner Tourist und Lehrgangsteilnehmer."

Bei der „friedlichen Revolution" 1998 gab es den Plan, alle Ausländer umgehend auszufliegen. Ich hatte unter anderem mit Bruno Hasenpusch die Idee befürwortet, alle Ausländer, die sich in Jakarta oder Surabaya und in anderen Städten aufhielten und die sich dort unsicher fühlten und schlichtweg wegwollten, nach Bali ausreisen zu lassen. Dort gab es genügend Infrastruktur und Möglichkeiten, um all diese Menschen an relativ sicheren Orten unterzubringen.

„Die Ausreise nach Bali wurde damals von der EU abgelehnt, weil es rechtliche Aspekte berührte", erinnert sich Bruno Hasenpusch. „Es hätten auch alle Touristen ausreisen müssen, weil es ansonsten ein Super-GAU an Schadensforderungen gegeben hätte.

Für Reinhold Jantzen als Honorarkonsul war das eine schwierige Zeit. Es war halt sehr schwierig, dieses Problem zu kommunizieren, aber er hat das aus meiner Sicht sehr gut gemacht. Es sind nicht alle ausgereist, sondern das Problem wurde zum Teil ausgesessen. Reinhold war schon 1998 einer der Honorarkonsuln, der eine herausgehobene Rolle unter allen Honorarkonsuln spielte. Er war ja im Prinzip primus inter pares gewesen. Diese Geschichte 1998 erhielt später eine erhebliche Bedeutung im Zusammenhang mit dem Bombenattentat von 2002. Denn Jantzen und ich hatten schon 1997 ein sogenanntes Sicherheitskonzept für die deutschen Staatsbürger in Indonesien entwickelt. Das war das sogenannte Hügel-Fürsten-Prinzip. Dort, wo Deutsche lebten oder sich aufhielten, sind ihnen sogenannte „safe havens" zugeordnet worden. Wenn es geknallt hätte, hätten sie dorthin flüchten und sich in Sicherheit bringen können. In Bali war das Konzept zum damaligen Zeitpunkt sehr weit fortgeschritten. 1998 hatten wir 112 deutsche Familien und knapp 1200 Touristen auf Bali, die in den Zuständigkeitsbereich von Herrn Jantzen fielen. Als am 19. Mai 1998 die Ausreise empfohlen wurde, gab es eine zusätzliche Verstärkung der Mitarbeiter im Konsulat, weil das Problem mit dem vorhandenen Personalbestand nicht bewältigt werden konnte. Reinhold Jantzen hatte bis dato alles hervorragend organisiert und gemanagt."

Die frühe Planung eines Krisenmanagements für Katastrophenfälle war rückblickend sehr weitsichtig und hat sich letztendlich auch ausgezahlt. Es gab vom Auswärtigen Amt bestimmte Pläne in dieser Richtung, die auch mehr oder minder differenziert waren. Doch für Indonesien war das ein Novum. Indonesien galt damals im Gegensatz zu Ländern wie zum Beispiel dem Kongo als sicheres Land. Weil diese Krise 1998 aber so überraschend kam, gab es relativ wenig Vorbereitungszeit für die Bewältigung der angespannten Situation. Insofern war es ein wahrer Glücksfall, dass wir als Konsulat und Botschaft diese Vorbereitungsmaßnahmen bereits so frühzeitig und weitsichtig vorangetrieben hatten und auf einige Szenarien vorbereitet waren.

Bruno Hasenpusch beleuchtet die Ereignisse, die 1998 und dann 2002 nicht nur die indonesischen Behörden überforderten: „Die Maßnahmen, die wir 1998 entwickelt hatten, waren für Bali zum Glück sehr weit fortgeschritten, so dass es dort organisatorisch sehr wenig Friktionen gegeben hatte. Das war eines der Meisterwerke von Reinhold Jantzen. Und zwar außerhalb seiner normalen Konsulatsaufgaben. 2002 wurde die Qualität dieses Krisenmanage-

ment noch einmal besonders auf den Prüfstand gestellt. Es lief nicht alles rund. So gab es nach dem Anschlag sehr viel schmutzige Wäsche, die in Deutschland hochgewaschen wurde. Ich bin zu der Rechenschaft gezwungen gewesen, weil es in solchen Lagen vollkommen klar ist und Fehler in der Kommunikation passieren. So war 2002 die Telefonleitung des deutschen Honorarkonsulats für solche Extremfälle gar nicht ausreichend. Es waren damals in der Regel in der Größenordnung von knapp 1000 bis 2500 deutsche Touristen pro Tag auf Bali. Der Anschlag geschah um Mitternacht, also damit zeitgleich tagsüber in Deutschland. Es ist somit auch relativ schnell in Deutschland kommuniziert worden. Umgehend haben alle Eltern bzw. Angehörige, die Verwandte oder Bekannte zu dem Zeitpunkt auf Bali hatten, versucht, an Informationen zu gelangen. Auf Bali ist das Netz schnell zusammengebrochen. Also hat man sich an die deutsche Botschaft gewandt. Das hat natürlich nicht funktioniert, weil es Wochenende war und die Botschaft nicht besetzt war. Von daher war es ein absoluter Glücksfall, dass dieses Unglück auf Bali passiert ist und dass dort der stärkste Diplomat des deutschen Corps vor Ort verfügbar war und sofort Erkundungen eingeholt hat. Von den indonesischen Medien wurde das Attentat zunächst runtergespielt. Herr Jantzen hat mich informiert, dass mit einer hohen Anzahl an Toten zu rechnen ist. Was ich sofort nach Deutschland vermitteln konnte. In den Protokollen der Sondersitzung des deutschen Krisenstabs und des Auswärtigen Amtes wurde leider mit keinem Wort der Name Jantzen genannt, sondern nur die Lagedarstellung dokumentiert. Es war aber ein Glücksfall für Deutschland und auch für das Auswärtige Amt, dass Herr Jantzen vor Ort und am Puls des Geschehens war. Reinhold Jantzen hat ein gutes Krisenmanagement, weil er ein sehr gutes Feeling und einen sehr guten Riecher für bestimmte Situationen und Entscheidungen hat. Er ist jemand, der dem Zufall wenig Chancen lässt. Er ist der Macher, was zum Beispiel als Geschäftsmann lebensnotwendig ist. Er kann hervorragend organisieren und weiß, worauf die Schwerpunkte zu legen sind. Er ist aber auch sehr exponiert und hat dadurch für den einen oder anderen durchaus einen Stein des Anstoßes dargestellt. Insofern gibt es durchaus Licht und Schatten in seiner Funktion als Honorarkonsul. Insgesamt gesehen und besonders 2002 bei dem Bombenanschlag war Reinhold Jantzen ein absoluter Glücksfall für die deutsche Präsenz im Ausland.

Wenn ich von dem ersten Meisterwerk 1998 gesprochen habe, was im Prinzip sehr spektakulär nach außen hin war, aber intern großen Rückhalt besaß, ist sein Einsatz bei der Bali-Bombe 2002 sein wirkliches Meisterwerk. Er hat sich höchst profes-

sionell verhalten. Das passiert natürlich nur, wenn sie jemanden vor Ort haben, der dort Charisma hat und eine Führungspersönlichkeit ist. Und das ist er eben, nicht nur aufgrund seiner Körperfülle. Er ist jemand, der gestanden ist und dem man zutraut, Probleme zu lösen. Er hat eine ganz klare Vorstellung und lässt dort auch nicht marginalisieren, wenn er der Meinung ist, dass er im Grunde Recht hat. Das hat ihm durchaus das eine und andere Problem bereitet. Ich habe es eigentlich nie erlebt, dass er nicht den richtigen Weg gewählt hat. Obwohl ein Honorarkonsul den Weisungen der Botschaft und des Auswärtigen Amtes zu folgen hat, hat er bei gewissen Sachen durchaus seine eigene Meinung vertreten, die schon mal kontraproduktiv war. Er war nicht nur einmal der Meinung, dass die Botschaft in Jakarta nicht den Einblick in Dinge besaß, wie bestimmte Situationen und Probleme auf Bali zu handhaben wären. Andererseits hat man sich aber immer auf den Honorarkonsul vor Ort in Bali verlassen können."

Wir haben uns damals bei der Bombenkatastrophe gegenseitig geholfen. Als Militärattaché hatte Bruno Hasenpusch sehr guten Kontakt zu Panglima, dem obersten Militär in Indonesien. So bekam auch ich einen engeren Kontakt zu Pangdam IX Udayana. Sehr gut war der Schulterschluss zwischen Bruno Hasenpusch und mir bei dem „Bali bombing". Der deutsche Botschafter Dr. Joachim Fulda gab die Anweisung: „Herr Rottmann und Herr Hasenpusch und Herr Jantzen wickeln die Ereignisse ab." Michael Rottmann war ebenfalls Botschaftsangehöriger in Jakarta, er arbeitete damals als Leiter der Wissenschafts- und Forschungsabteilung. Ich bin nun mal ein Typ, der sich ungern etwas vorschreiben lässt. Ich bin immer mein eigener Herr und entscheide selber. Also wollte ich das eigentlich alles allein durchführen. Das wurde jedoch von offizieller Seite abgelehnt, so dass wir drei das Krisenmanagement als Team bewältigen mussten. Diese Zusammenarbeit hat dann wirklich ganz hervorragend geklappt. Wir haben in dieser äußerst schwierigen Situation und unter diesen ganz besonderen und ungewöhnlichen Umständen sehr gut zusammengearbeitet und als Team ganz hervorragend funktioniert. Das war für alle eine große Meisterleistung. Gerade Bruno Hasenpusch, Michael Rottmann und ich haben dabei als Team sehr gut miteinander harmoniert.

Der ehemaligen Botschaftskollege Michael Rottmann bestätigt auch 16 Jahre nach dem „Bali bombing" die unkomplizierte und effektive Zusammenarbeit bei der Bewältigung der wohl größten Katastrophe auf Bali, bei der deutsche Staatsbürger betroffen waren, und erinnert sich an den tadellosen

Einsatz von Reinhold Jantzen: "Das Besondere an der Zusammenarbeit mit Reinhold Jantzen war die freundschaftliche Verlässlichkeit und seine hohe Professionalität. Man konnte sich auf ihn immer 100%ig verlassen. Nicht nur dass er aufgrund seines langjährigen Aufenthaltes in Bali mit den Gegebenheiten und den Strukturen bestens vertraut war, er hat sich auch immer für die besonderen Belange der Deutschen auf Bali eingesetzt. Dabei hat er mit großem Engagement und viel Einfühlungsvermögen Hilfe geleistet, wo immer es notwendig war. Das Schicksal des Einzelnen war ihm oft wichtiger als ein Agieren nach Vorschrift. Ohne ihn wäre auch die schwierige Situation nach dem Attentat nicht zu meistern gewesen. Dabei war er auch immer bereit, die besonderen Belange der Botschaft zu berücksichtigen. Wir haben ihm viel zu verdanken."

Für unsere Arbeit gab es auch die entsprechende Anerkennung von offizieller Seite. Die indonesische Polizei überreichte uns im Oktober 2002 eine Urkunde als Dank für den großartigen Einsatz aller deutschen Botschaftsvertreter vor Ort bei der Hilfeleistung und Aufarbeitung des Bombenanschlages vom 12. Oktober 2002 in der Touristenhochburg von Kuta. Die Urkunde hat natürlich bei uns im Konsulat in Sanur einen Ehrenplatz erhalten. Es hat mich gefreut, dass die Indonesier unseren Einsatz als Team so respektiert haben. Besonders gefreut hat mich aber auch die Aufmerksamkeit der indonesischen Polizei, die mir persönlich eine eigene Urkunde für meinen Einsatz nach dem Anschlag vom 12. Oktober 2002 in Kuta offiziell überreichte. In meiner Heimat Deutschland sorgten die permanenten Berichte und Meldungen über das furchtbare Bombenattentat vom 12. Oktober 2002 natürlich ebenso für Aufregung, Teilnahme und Schlagzeilen. Ich habe damals das gemacht, was jeder Mensch in dieser schreckli-

Gebührende Anerkennung: Nach dem Bombenanschlag vom 12. Oktober 2002 in Kuta wurden die deutschen Botschaftsmitarbeiter wie auch Honorarkonsul Jantzen für das hervorragende Krisenmanagement vom obersten Chef der indonesischen Polizei mit einer Urkunde geehrt.

chen Situation machen sollte: Helfen! Natürlich gebührte es meiner offiziellen Funktion als Honorarkonsul, dass ich vor Ort präsent sein musste, um alles Mögliche und Machbare für die Verletzten und deren Angehörige zu organisieren. Das war schon eine besondere Situation und eine Herausforderung, die

Die Anerkennung wurde auch noch einmal gesondert und persönlich vom POLRI (Polizei General Indonesien) für Honorarkonsul Jantzen beurkundet.

ich so in meiner Zeit als Honorarkonsul noch nicht erlebt hatte. In solch einer Ausnahmesituation, für deren Bewältigung man nicht unbedingt sofort über ausreichend vorformulierte Verhaltensregeln oder Hilfsmaßnahmen verfügt, läuft nicht immer alles

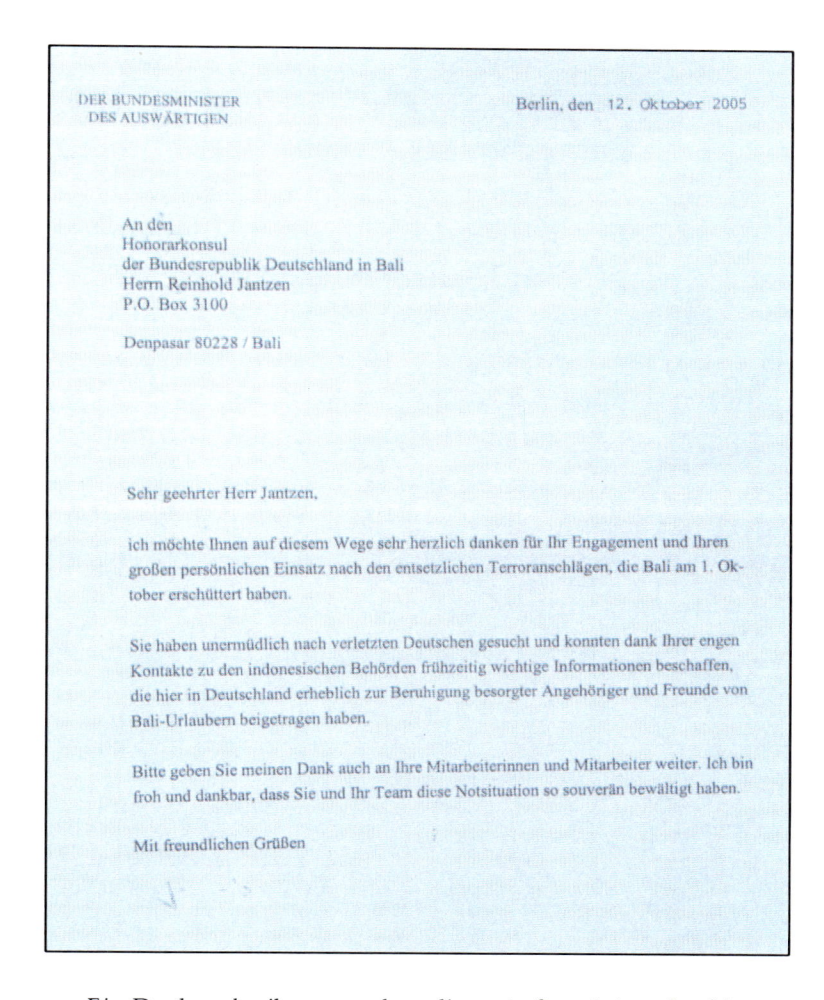

> DER BUNDESMINISTER
> DES AUSWÄRTIGEN
>
> Berlin, den 12. Oktober 2005
>
> An den
> Honorarkonsul
> der Bundesrepublik Deutschland in Bali
> Herrn Reinhold Jantzen
> P.O. Box 3100
>
> Denpasar 80228 / Bali
>
> Sehr geehrter Herr Jantzen,
>
> ich möchte Ihnen auf diesem Wege sehr herzlich danken für Ihr Engagement und Ihren großen persönlichen Einsatz nach den entsetzlichen Terroranschlägen, die Bali am 1. Oktober erschüttert haben.
>
> Sie haben unermüdlich nach verletzten Deutschen gesucht und konnten dank Ihrer engen Kontakte zu den indonesischen Behörden frühzeitig wichtige Informationen beschaffen, die hier in Deutschland erheblich zur Beruhigung besorgter Angehöriger und Freunde von Bali-Urlaubern beigetragen haben.
>
> Bitte geben Sie meinen Dank auch an Ihre Mitarbeiterinnen und Mitarbeiter weiter. Ich bin froh und dankbar, dass Sie und Ihr Team diese Notsituation so souverän bewältigt haben.
>
> Mit freundlichen Grüßen

Ein Dankesschreiben vom ehemaligen Außenminister Joschka Fischer nach dem Bombenanschlag 2005 in Jimbaran und Kuta.

nach Plan. Zum Glück hatten wir aber 1998 schon zusammen mit Bruno Hasenpusch einige Grundgedanken für solch einen extremen Notfall durchdacht.

Mein Einsatz blieb bei einigen Vorgesetzten nicht unbemerkt. Auch später nicht. So erhielt ich nach dem zweiten Bombenanschlag 2005 einen Dankesbrief vom damaligen Bundes-Außenminister Joschka Fischer, der mir durch den damaligen Botschafter Boudré-Gröger überreicht wurde. Am 1. Oktober 2005 explodierten gegen 19 Uhr drei Bomben in Jimbaran Beach Resort und auf einem Platz in Kuta. Dabei kamen mindestens 25 Menschen ums Leben und über hundert Menschen wurden verletzt. Das war das zweite Bombenattentat binnen drei Jahren auf Bali. Die Attentäter stammten laut Polizei-Informationen aus dem Umfeld der radikalen islamistischen Terrorgruppe Jemaah Islamayah. Über die anerkennenden Worte vom damaligen Bundes-Außenminister Joschka Fischer habe ich mich natürlich sehr gefreut.

Kapitel 2

Immer im Einsatz

Bei unserer Tätigkeit als Honorarkonsul geht es nicht nur ums Repräsentieren, sondern wir haben sehr viele andere Dinge zu regeln und zu organisieren. Bei uns im deutschen Konsulat auf Bali ist immer viel Betrieb. Andere Honorarkonsulate aus anderen Ländern haben bedeutend weniger Besucher pro Jahr. Früher war es noch Tradition, dass ein Honorarkonsul zu allen großen Festlichkeiten, Militärparaden oder Staatsbesuchen eingeladen wurde. Da war man ständig unterwegs und musste sehr viel Zeit fürs Repräsentieren aufbringen. Das ist heutzutage längst nicht mehr so. Da hat sich vieles geändert.

Wer wird ehrenamtlicher Honorarkonsul? Was macht ein ehrenamtlicher Honorarkonsul? Welche Aufgaben hat ein Kandidat für dieses Amt? Welche Verpflichtungen muss er erfüllen? Welchen Status hat ein Honorarkonsul eigentlich? Und welche

Voraussetzungen muss man für diese Aufgabe mitbringen? Das Auswärtige Amt der Bundesrepublik Deutschland, dem ein Honorarkonsul direkt unterstellt ist, liefert auf seiner Website eine Definition mit allen Verpflichtungen und Aufgaben, die ein ausgewählter Kandidat für diese politische Rolle erfüllen muss:

„Honorarkonsuln sind an vielen Orten zusätzlich zu den diplomatischen und konsularischen Vertretungen tätig. Honorarkonsuln werden dort ernannt, wo die Einrichtung einer berufskonsularischen Vertretung zu aufwendig wäre, wegen der Größe des Amtsbezirks der zuständigen Auslandsvertretung und wegen der Zahl der ansässigen oder durchreisenden Deutschen aber eine örtliche Anlaufstelle sinnvoll ist. Gegenwärtig gibt es etwa 350 Honorarkonsuln. Es handelt sich um ehrenamtlich tätige Personen, die keineswegs deutsche Staatsbürger sein müssen, sondern oft Angehörige des Empfangsstaates sind. Aufgrund ihrer langjährigen Berufserfahrung im Gastland haben sie gute Kontakte, sind mit den örtlichen Verhältnissen besonders vertraut und können daher Deutschen in Not wertvolle Hilfe leisten. Die Honorarkonsuln sind nicht zu allen konsularischen Amtshandlungen befugt und auch nicht zu ständiger Anwesenheit verpflichtet."

Der Konsul oder der Honorarkonsul, um es richtig zu benennen, ist im Grunde genommen eine unklare Bezeichnung. Es kommt von Honorar und stammt aus dem Lateinischen und ist die Bezeichnung für die Ehre oder den Ehrensold. Somit müsste es eigentlich Ehrenkonsul heißen. Heißt es aber nicht, es heißt offiziell Honorarkonsul. Honorar ist die Rechnung oder die Vergütung einer Arbeit oder einer Dienstleistung. Wenn also die Leute zu uns ins Konsulat nach Sanur kommen und ich ihnen manchmal mitteilen musste, dass ich in diesem oder jenem Fall leider nicht helfen kann, dann bekam ich manchmal zu hören: „Was? Tun sie doch was! Für was werden Sie denn bezahlt?". Dabei sollten die Leute schon mal überlegen, dass so ein Honorars-Posten wie hier auf Bali sehr viel Geld kostet. Also nicht, dass der Einsatz kostendeckend ist. Ich habe immer gesagt, ich arbeite in dem Konsulat, wenn es nicht mein eigenes Geld kostet. Wie viel an Zeit und Arbeit ich selbst investiere, das ist meine Sache. Aber ich möchte eigentlich kein eigenes Geld drauflegen. Leider sieht die Praxis immer wieder anders aus. Ich habe meine Auslagen über die Jahre niemals komplett erstattet bekommen. Wenn man Glück hat, dann kriegt man seine Auslagen erstattet. Aber nur wenn man Glück hat...

Wir sind von allen Honorarkonsulaten in Indonesien das am weitaus meisten beschäftigte Konsulat. Auf Bali sind noch Japaner, Chinesen, Inder so-

Ein sehr geschätzter Kollege von mir war Ida Bagus Kompyang (li.). Er war nicht nur als Honorarkonsul für skandinavische Länder (Norwegen, Schweden, Finnland, Dänemark) tätig. Der 2014 im Alter von 87 Jahren verstorbene Mann war auch einer der Pioniere des Tourismus auf Bali.

wie Timor Leste mit Berufskonsuln vertreten. Mittlerweile gibt es 34 Honorarkonsulate auf Bali. Das deutsche Honorarkonsulat in Sanur verzeichnet teilweise bis zu 40 Besucher am Tag inkl. Visa-Antragssteller. Wenn ich nur allein überlege, wie viele Tote wir im Jahr nach Hause schicken oder vor Ort einäschern lassen, dann kommt da einiges zusammen. Manche der verstorbenen Personen sind völlig mittellos und haben überhaupt kein Geld, kein Garnichts. Es ist aber niemals jemand eingeäschert oder beerdigt worden ohne einen frischen Blumenstrauß vom deutschen Konsulat. Dafür habe ich immer gesorgt. Ich war vielleicht nicht immer selbst bei jeder Zeremonie anwesend, es war aber immer wenigstens meine Mitarbeiterin Frau Eling als meine Vertretung vor Ort.

Im Jahr 2017 hatten wir zum Beispiel sechs Tote, die wir vom Konsulat zu betreuen hatten. Neben der normalen administrativen Arbeit müssen wir auch die Verwandten und Freunde betreuen, die in solchen Fällen oftmals nach Bali angereist kommen. Keine angenehme Arbeit. Wir müssen mit Leuten reden, die zum Beispiel gerade ein Kind verloren haben. Da ist Einfühlungsvermögen und Nachsicht gefragt. Man muss quasi ein halber Seelsorger sein. Das macht Frau Eling übrigens sehr gut. Anschließend müssen wir uns noch um die Nachlassfürsorge kümmern. Das geht schon unter die Haut. Natürlich ist man sehr bewegt und betroffen von solchen Schicksalsschlägen. Ich konnte mich da sehr gut einfühlen, weil ich meinen erstgeborenen Sohn Jan Ernst 1986 auf tragische Weise bei einem Verkehrsunfall auf Bali verloren habe.

Brigitte Lohmann-Wörner ist eine langjährige Freundin der Familie Jantzen und besucht die Jantzens nun schon seit 33 Jahren alljährlich auf Bali. Sie kennt den Honorarkonsul aus gemeinsamen Zeiten auf der Insel sehr gut und lobt sein Talent für ein perfektes Feeling und Handeln in bestimmten Situationen: „Das hat er gelernt im Laufe der Jahre. Wenn etwas an ihn herangetragen wurde, dann wollte er das auch lösen. Er hat alle Herausforderungen angenommen. Er konnte das auch, weil er ja als junger Mann in Hamburg ein Fischhandel hatte und schon damals alles Mögliche organisieren und dafür sorgen musste, dass alles läuft. Reinhold ist ein sehr lustiger Mensch und auch ein sehr gastfreundlicher Mensch. Und er ist sehr hilfsbereit. Zusätzlich ist er ein großer Organisator."

Wir müssen uns auch um andere, nicht ganz so traurige Fälle kümmern. Und wir müssen uns mit den unterschiedlichsten Menschen beschäftigen. Man bekommt einen guten Blick für Menschen, weil man sehr viele Erfahrungen sammelt. Wenn einer zu der Tür des Konsulats hereinkommt, dann erkenne ich sofort: Das kann Ärger geben! Oder einer kommt rein und man weiß sofort, das wird entspannt. Wenn Leute nett und hilfreich auftreten, dann hilft man ihnen auch gerne. Aber es gibt immer wieder einige

Meine Aufwartung beim neuen Gouverneur Dewa Made Beratia von Bali, der von 2003 bis 2008 im Amt war.

Leute, die sind sehr fordernd und oftmals sogar aggressiv. Die sagen einem doch frech ins Gesicht: „Nun mal los, sehen Sie zu, dass Sie hier in die Gänge kommen." Wir hatten in meiner Zeit als Honorarkonsul auf Bali auch einige Drogenfälle und wir mussten uns um die entsprechenden Personen kümmern. Manchmal saßen sechs oder sieben Verurteilte im Gefängnis. Zu Weihnachten haben ich denen einige Geschenke gereicht oder ich habe ihnen bei meinen Besuchen ab und zu mal etwas zu essen aus meinem Restaurant mitgebracht. Eine Rindsroulade mit

Ein immer gern gesehener Gast war auch I Gede Ardhika, Minister für Kultur und Tourismus (re.).

Rotkohl oder ein halbes Hähnchen mit Pommes frites zum Beispiel. Das ist natürlich für die Leute, die im Gefängnis sitzen und immer nur ihren Reis vorgesetzt bekommen, eine sehr willkommene Abwechslung. Der Aufenthalt in den Gefängnissen auf Bali ist hart und brutal. Die Menschen kommen meist schlimmer raus als wie sie reingekommen sind. Am schlimmsten ist dabei gar nicht das Gefängnis, sondern wenn die Verhafteten vorher auf der Polizeiwache eintreffen und dort in eine Zelle gesteckt werden. Das ist viel schlimmer als später im Gefängnis. Auf der Polizeistation werden sie in einer winzigen Zelle mit oftmals 10 bis 15 Verhafteten zusammengepfercht. Es gibt kein Bett, kein Nix, kein Garnichts. Nur eine Toilette. Das sind die allerschlimmsten Ver-

*Die totale Ernüchterung kommt
in der Zelle auf der Polizeistation,
nicht später im Gefängnis.*

hältnisse. Wenn man verhaftet wird, dann steht man zunächst einmal unter Schock. Unter Schock nimmt man das neue Umfeld anfangs gar nicht richtig wahr. Aber nach ein oder zwei Tagen fängt man an zu denken. Da sieht man das Elend um sich herum in der Zelle. Das ist erschreckend. Nachher, im Gefängnis, da herrscht ein bisschen mehr Ordnung, etwas mehr Hygiene und sogar etwas mehr Sauberkeit.

    Man könnte das ganz leicht und locker als Drogenfälle abwinken. Unter dem Motto: Die haben kein Pardon verdient. Ist ja im Grunde genommen richtig. Aber auch nur im Grunde genommen. Wenn diese Menschen verhaftet sind und auf der Polizeistation sitzen, dann sind das ganz arme Schweine. Ob der nun so oder so ist. Sie sind alle total am Boden zerstört, wenn ihnen bewusst wird, in welch einer schwierigen Situation sie stecken. Und was auf sie zukommt. Da folgt die totale Ernüchterung. Die Ernüchterung kommt in der Zelle auf der Polizeistation, nicht später im Gefängnis. Am ersten Tag ist das noch zu ertragen, doch am zweiten Tag geht das richtig los. Rausholen konnte ich keinen von ihnen. Wir konnten und durften als Konsulat nicht in schwebende Verfahren eingreifen. Das geht heute auch nicht. Aber man kann die Leute zur Seite nehmen und ihnen einige Ratschläge geben. Man kann ihnen erklären, was alles auf sie zukommt. Du musst das so und so machen. Man kann ihnen etwas zu essen bringen. Man kann sie fragen, ob sie einen Arzt brauchen. Man kann ihnen einen Arzt besorgen. Das kann man als Konsulatsangehöriger alles machen.

Apropos Gefängnis, wir haben auf Bali auch mal eine Gefängnisrevolte erlebt, bei der einige Deutsche hinter Gitter saßen. Die dürfte ich drei bis vier Tage nicht besuchen. Einige Insassen waren danach ziemlich entstellt. Die Gefängnisverwaltung verhängte außer der gesetzlichen Verfolgung auch zusätzlich Bestrafungen, wie zum Beispiel zeitweiligen Fernsehentzug oder Entzug anderer Vergünstigungen. Hierunter litten natürlich auch die nichtbeteiligten Insassen, die ihrer Wut auf die Beteiligten dann oft freien Lauf ließen. Unter den Drogenfällen hatten wir auch Frauen bzw. junge Mädchen. Da sind die Eltern manchmal eingeflogen, als die Mädchen entlassen und zurück nach Deutschland deportiert waren. Die Eltern oder Verwandten sind dann oft ins Konsulat gekommen und haben mir – ich sammle Bierkrüge – einen schönen Bierkrug geschenkt zur Erinnerung und als Dankeschön. Eine Frau saß einige Jahre im Gefängnis. Eine große blonde stattliche Frau. Die hat mir während ihrer Zeit hinter Gittern einen winzigen Sessel aus Holz geschnitzt. Den hat sie mir am Flughafen bei der Deportation mit den Worten überreicht: „Herr Jantzen, den stellen Sie mal in Ihren Schrank und immer, wenn Sie den Sessel ansehen, dann denken Sie daran, dass ich hier mal im Gefängnis gesessen habe."

Die Drogen-Verlockung ist auf Bali sehr groß, weil der Handel hier richtig blüht. Bali ist die Vorstufe für den Transport nach Australien. Man kann an vielen Ecken in Kuta und Seminyak problemlos Drogen kaufen. Der Stoff wird überall angeboten. Wenn man erwischt wird, braucht man einen Anwalt. Das ist für einige Einheimische ein sehr gutes Einkommen. Ein Anwalt nimmt für das Mandat etwa 5.000 Dollar oder so. Das ist viel Geld. Das Geld muss von den Verhafteten oder Eltern der Verhafteten oder wie auch immer beschafft werden. Wenn dieses nicht möglich ist, besteht aber auch die Möglichkeit, einen vom indonesischen Staat gestellten Anwalt in Anspruch zu nehmen.

Vor vielen Jahren hatten wir einen ganz besonderen Fall, der aber nichts mit Drogen zu tun hatte. Es ging um einen Mann, der in Deutschland eine bekannte Persönlichkeit darstellte, insofern möchte ich den Namen nicht nennen. Er ist als Aussteiger nach Bali gekommen und hat zunächst in einem Hotel gewohnt. Dort wurde er nach einiger Zeit rausgeschmissen, weil er nicht bezahlt hat. Wir haben ihm daraufhin pflichtgemäß etwas Tages- und Essensgeld gegeben. Und wir haben Kontakt zu seiner Fa-

*„Dieser Konsul Jantzen,
dieses A....!"*

milie sprich Mutter aufgenommen. Von dort wurde er mit etwas Geld versorgt, wobei die Auszahlung unter bestimmten Voraussetzungen vorgenommen wurde. Der Mann ist dann in ein anderes Hotel in Sanur gezogen und hat dort vom Feinsten Lobster mit einer schönen Flasche Wein zu Abend verzehrt. Abschließend hat er noch eine Flasche Sekt getrunken. Der hat es sich richtig gut gehen lassen. Irgendwann hat er die Rechnung verlangt und zum Kellner gesagt: „Die Rechnung schicken Sie bitte zum deutschen Konsulat." Worauf man ihn fragte: „Warum das?" Und er antwortete: „Ja, wissen Sie, ich kriege mein Geld immer vom Konsulat." Was ja im Prinzip stimmte, aber das war alles genau abgezählt. Es war eine bescheidene Unterstützung, doch es war keineswegs für Lobster und Sekt gedacht. Am nächsten Vormittag kam ein Hotel-Angestellter zu uns ins Konsulat und meinte, nachdem wir ihm die Situation erklärt hatten: „Nun rückt mal das Geld raus!" Der besagte Mann ist später noch sehr viel weiter abgerutscht, weil er absolut nicht kooperativ war. Er hat letztlich im Freien am Strand übernachtet. Bei seiner Deportation vom Flughafen mussten wir als Konsulats-Vertretung bis zum Abflug anwesend sein, also bis die Leute das Flugzeug betraten. Unser spezieller Freund drehte sich beim Einstieg auf der Treppe noch einmal um und meinte lauthals: „Dieser Konsul Jantzen, dieses A....!"

Man ist nicht immer glücklich mit den Entscheidungen, die man aus bestimmten Gründen und unter speziellen Umständen heraus getroffen hat. Wenn ich einem Konsulat-Besucher sagen musste, ich kann aus den und den Gründen nicht oder nur wenig helfen, dann gab es einige Leute, die nahmen das hin. Die konnten das verstehen. Es gab aber auch Leute, die nahmen das nicht hin und die wurden aufsässig. Das endete schon mal damit, dass ich wie bereits erwähnt auf dem Flughafen beschimpft wurde. Es gibt keine Situation, die wir als Konsulat auf Bali nicht schon mal erlebt haben. Wir haben Hochstapler gehabt und wir hatten Leute hier, bei denen man überhaupt nicht verstehen konnte, wieso diese Menschen auf einem so schönen Fleckchen Erde wie Bali derart abgerutscht sind. Nun gut, es kommen unheimlich viele Touristen nach Bali. Und folglich klopfen auch die unterschiedlichsten Menschen bei uns im Konsulat an. Wenn einer mal sehr laut und aggressiv wird, dann holen wir einen unserer Security-Leute rein und der stellt sich neben diese Besucher. Wir hatten schon öfters Angst und haben Blut und Wasser geschwitzt. Zum Beispiel sprach ein Besucher einmal eine sehr deutliche Warnung aus: „Hören Sie mal zu. Hier im Konsulat sind Sie ja sicher, aber Sie gehen ja auch mal nach Hause..."

Das Konsulat in Sanur wurde 1986 eröffnet, angefangen haben wir in einem Zimmer und mit einer Halbtagskraft im Büro. Jetzt haben wir drei Festangestellte plus einen Fahrer und vier Wächter bzw. Security-Leute. Wir haben nach Eröffnung sofort Security-Personal fürs Konsulat verpflichtet, um den notwendigen Sicherheitsstandard auch für das Personal zu gewährleisten. Das muss auf Bali sein, da hier alles Mögliche passieren kann. Wir haben direkt vor dem Konsulat auch schon Demonstrationen erlebt. Einmal haben einige Menschen von der indonesischen Nachbarinsel Lombok bei uns vor der Tür demonstriert. Sie verlangten Asyl in Deutschland. Da standen draußen rund 30 bis 40 Leute. Sie hingen am Gitter, da wir das Tor geschlossen hatten. Sie haben mächtig am Gitter gerüttelt und riefen: „Komm raus! Komm raus!" Ich sollte also rauskommen. Wir hatten richtig Bedenken. Wir hatten uns schon ausgemalt, was passieren könnte, wenn die Demonstranten über die Mauer krabbeln würden und Theater machen. Was machen wir dann? Ich habe bei der deutschen Botschaft angerufen und nachgefragt: „Herr Botschafter, wir haben hier eine Demonstration mit 30 bis 40 Leuten. Was machen wir denn jetzt? Was können Sie mir raten?" Daraufhin hat er gemeint: „Nein! Ich kann Ihnen nicht helfen, damit müssen Sie selbst fertig werden." „Okay", hab' ich geantwortet, „wenn es sein muss, dann ist ja gut." Ich habe dann bei dem Polizeichef Kapolda angerufen und ihm mitgeteilt, wir hätten direkt vor unserer Tür eine Demonstration. Daraufhin meinte er: „Ja, ja, aber wie viele Leute sind denn das?" Er wollte die Sache etwas runterspielen. Da habe ich gesagt: „Wir haben hier echt Probleme! Wir haben Angst!" Später hat ein Beamter von der nächsten Polizeiwache angerufen und der meinte: „Wo ist Ihre Escape Door?" Also, wo ist der Fluchtweg? Worauf ich antwortete: „Wir haben hier keine Escape Door!" Darüber war er völlig entrüstet und meinte in einem recht bestimmenden Ton: „Was, Ihr habt keine Escape Door! Das geht doch nicht!" Daraufhin habe ich noch einmal mit Kapolda gesprochen und der sicherte mir zu, dass er ein paar Polizisten vorbeischicken würde. Nur kurze Zeit später fuhren zwei große Lastwagen auf der Hauptstraße vor und die Polizisten kamen die schmale Straße zum Konsulat heruntermarschiert in voller Kampfmontur, allesamt dick gepolstert und mit Schildern und dicken Stöcken bewaffnet. Schon beim Anblick dieser anrückenden Truppe löste sich die Demonstration auf und die Demonstranten verschwanden friedlich am Strand.

Solche Ereignisse bleiben in Erinnerung und in dem Moment ist man natürlich sehr angespannt und fühlt sich sehr betroffen. Es passiert immer wieder etwas, worauf du nicht vorbereitet bist. Ich habe zum Beispiel mal eine Gerichtsverhandlung erlebt, bei der der Vater des Angeklagten anwesend war und neben mir saß. Der Sohn war mit Drogen erwischt worden und er war auch an AIDS erkrankt. Er war der sicheren Meinung, dass er aufgrund seiner Krankheit entlassen wird, da man AIDS hier damals nicht behandeln könnte. Doch da hat der indonesische Inhaftierungs-Richter gesagt: „Komm, komm, komm, wir haben hier so viele AIDS-Kranke, die können wir wunderbar behandeln. Also kannst auch du hier behandelt werden". Plötzlich hat sich der Kerl in den Finger geschnitten und mit seinem Blut die Leute in seiner nächsten Umgebung bespritzt. Als es zur Gerichtsverhandlung kam, war der Vater, ein älterer Herr, ein netter Mann, der viele Jahre im Ausland gelebt hatte, in China glaube ich, extra

> *Die Polizisten haben ihn geschnappt und haben dabei auch mit dem Gewehrkolben auf ihn eingedroschen.*

angereist. Im Gerichtssaal wollte der Sohn plötzlich weglaufen, doch die Polizisten haben ihn geschnappt und haben dabei auch mit dem Gewehrkolben auf ihn eingedroschen. Der Vater stand daneben und musste das alles mitansehen. Das sind schreckliche Eindrücke und Bilder, die man im Gedächtnis behält. Der Vater tat mir unheimlich leid. Man muss sich das mal überlegen: Der Mann kam extra nach Bali, um seinem Sohn beizustehen. Doch der Sohn ließ sich gar nicht helfen, der wollte gar nicht, dass sein Vater ihm hilft. Solche Fälle haben mich immer persönlich tief berührt. Wobei der Bombenanschlag – ich muss das immer wieder sagen – war das schlimmste und furchtbarste Erlebnis, das ich während meiner fast 30-jährigen Zeit als Honorarkonsul auf Bali erlebt habe. Dieses furchtbare Ereignis bleibt für immer in meinen Gedanken verhaftet.

Von allen Konsularfällen, in denen deutsche Staatsbürger in Indonesien verwickelt sind, ereignen sich 90 bis 95 Prozent auf Bali. Und diese Fälle müssen wir bearbeiten. Das hört sich unglaublich an, da es ja die Botschaft in Jakarta gibt und deutsche Konsulate in Surabaya und in Medan. Auf die Sonneninsel Bali kommen jedoch die meisten Touristen. Auch haben wir auf dieser schönen Insel einige Deutsche, die sich hier niedergelassen haben. Das sind meist ältere Leute, oft Rentner und Pensionäre, die nicht immer sehr gut betucht sind und bei denen das zur Verfügung stehende Geld eines Tages weniger wird. Manche haben zum Beispiel vorher in Italien oder in Spanien gelebt und erfahren, dass man auf Bali für weniger Geld gut leben kann, wenn man sich dem indonesischen Lebensstil anpasst. Es gibt aber entscheidende Unterschiede. In Italien oder in Spanien ist zum Beispiel die deutsche Krankenversicherung gültig, weil man sich innerhalb von Europa befindet. Das trifft aber nicht für Bali zu. Wenn die Leute dann hierherkommen, sind sie zunächst happy und genießen das Leben. Irgendwann werden sie vielleicht krank und müssen ins Krankenhaus. Dort fragt man sie: „Haben Sie eine Versicherung?" Antwort: „Ja!" Also werden sie behandelt, bis das Krankenhaus plötzlich feststellt, dass die Krankenversicherung dieses Patienten in Bali gar nicht gültig ist. Also gibt es ein Problem. Und damit hatten wir wieder einen neuen Konsularfall.

Andererseits klopfen viele Touristen bei uns an, die ihre Pässe verloren haben. Oder sie werden ausgeraubt oder sie werden plötzlich krank. Oder der Mann ist weggelaufen oder die Frau ist durchgebrannt oder das Kind ist verschwunden. Die kommen alle ins Konsulat gerannt und brauchen Hilfe. Das kann sich summieren auf 30 bis 40 Fälle pro Tag. 90 bis 95 Prozent aller Konsularfälle, in denen Deutsche in Indonesien betreut werden, werden auf Bali abgewickelt. Daran sieht man, wieviel das Konsulat in Sanur an Arbeit leistet. Das Traurige an der Sache ist eigentlich nur, es kommen vorwiegend Leute zu uns ins Konsulat, die Probleme haben. Es kommt eigentlich nie einer vorbei und sagt: „Oh, wie ist das schön hier auf Bali." Das habe ich nur sehr selten erlebt, eigentlich gar nicht.

Leider gibt es immer wieder schwierige Fälle und menschliche Dramen, mit denen sich das Konsulat befassen muss. Da gab es zum Beispiel einen Mann, der hat rund dreißig Jahre hier auf Bali gelebt. Er war befreundet mit einer bekannten und wohlhabenden balinesischen Person oder Familie, die auf Bali ein Hotel gebaut hatten. Dieser Kerl war in der Tourismusbranche tätig und brachte dem Hotel dadurch viele Gäste. Leider hatte der Typ einen starken

Hang zu Drogen. Als ich davon erfuhr, habe ich mich sofort von ihm zurückgezogen. Ich habe den Mann danach etwa zwanzig Jahre lang nicht mehr gesehen. Eines Tages kam mein Freund Dietmar Schwaab vorbei und fragte mich, ob ich an Antiquitäten interessiert wäre. Was heißt Antiquitäten, es ging um eine alte Uhr, die mich schon interessieren würde. Leider hatte ich keine Zeit, mir das Objekt sofort anzugucken. Einige Wochen oder Monate später war ich tagsüber in Kuta und da fiel mir die Sache wieder ein. Da habe ich meinen Freund angerufen und gesagt: „Okay, jetzt habe ich gerade etwas Zeit. Wenn du willst, dann können wir sofort hinfahren und die Uhr anschauen."

Was mich irgendwann etwas verwirrte, war die Tatsache, dass wir nach einiger Zeit auf das vorhin erwähnte Hotel zusteuerten. Worauf ich meinte: „Was ist denn das?" Und mit einem Mal stand dieser Typ vor uns, ganz klein und faltig. Und etwas geschrumpft – das muss ich leider so sagen. Und der wohnte in einem wirklichen Loch. Das war nur eine kleine Hütte ohne Fenster, ohne Türen, ohne irgendetwas. Die hatte man auf dem Hotelgelände abseits zwischen Büschen versteckt aufgestellt. Es gab auch keine Stühle. Der Typ war so exzentrisch, dass er nur auf Bodenkissen lebte, äußerst spartanisch und skurril. Und da stand so eine Uhr im Raum. Ich wollte auf der Stelle umdrehen und wieder nach Hause.

„Nein," sagte der Typ, „komm' erst mal rein und wir trinken ein Bier zusammen." Was ich natürlich sofort ablehnte und einen Gegenvorschlag machte, um aus der Bredouille herauszukommen: „Lass uns doch in den Coffeeshop vom Hotel gehen, dort gebe ich einen Kaffee aus." Keine Chance! Er bestand weiter auf seine Einladung: „Nein, du trinkst hier mit mir ein Bier." Okay, das ging hin und her. Naja, jedenfalls kam er irgendwann mit einer Flasche Bier an und dann hat er mir die Uhr gezeigt. Ich habe ihn gefragt, was er für die Uhr haben wollte. Ja, so und so viel. Das war mir einfach zu teuer. Ich habe ihm erzählt, dass meine Frau gerade zu viel Geld ausgegeben hätte und ich dadurch etwas klamm wäre. Es täte mir sehr leid, aber ich könnte die Uhr nicht kaufen. Beim Rausgehen sagte er dann so nebenbei: „Kannst du mir einen Gefallen tun?" Ich sagte: „Klar, womit?" Worauf er meinte: „Kannst du mir 5.000 Dollar leihen?" Ich antwortete etwas verdutzt: „Mensch du, ich hab' dir doch gerade erzählt, dass ich momentan knapp bei Kasse bin. Tut mir leid, das geht nicht." Und damit war die Sache soweit geklärt. Dachte ich jedenfalls...

Etwa zwei Wochen später hatten wir Stammtisch in unserem „Mama's German Restaurant" in Kuta und wer kommt da plötzlich um die Ecke? ER! Ich denke mir: Na, was will der denn hier!? Also gut, der Mann setzte sich zu uns an den Tisch und der

Kellner fragte ihn mehrfach, was er trinken wollte. Er bestellte aber nichts. Nach einiger Zeit fiel mir ein, dass der Mann ja gar kein Geld hatte. Ich fragte ihn also: „Was willst du essen?" Okay, das und das. „Alles klar, bestell' das ruhig, heute lade ich dich ein." Am nächsten Freitag stand dieser Mann wieder auf der Matte. Da habe ich ihm klar zu verstehen gegeben: „Heute geht das noch einmal, aber dann ist Feierabend! Ich kann das nicht so einfach machen." Worauf er irgendwas brabbelte. Am nächsten Freitag kam er dennoch wieder. Da meinte mein Freund Dietmar, der mich mit ihm zusammengebracht hatte: „Also dann bezahle ich heute mal."

Einige Tage später klingelte das Telefon bei uns zuhause. Wann ich denn ins Siolam-Krankenhaus kommen würde? Warum sollte ich ins Krankenhaus kommen? Ja, weil ich die Rechnung bezahlen müsste. Ich meinte etwas empört: „Ich? Rechnung? Was für eine Rechnung?" Ja, da wäre eine Rechnung offen von einem gewissen Herrn Sowieso. Worauf ich antwortete: „Entschuldigung, mein Name ist Jantzen. Ich habe damit nichts zu tun." Darauf die Stimme am Telefon: „Ja, aber er hat gesagt, Sie würden das bezahlen." Ich wieder: „Ja, ja, da kann er Ihnen viel erzählen. Also es tut mir leid, ich habe mit der Sache nichts zu tun." Nun, ich kenne das Krankenhaus gut und auch die Leute, die dort arbeiten. Ich habe ihnen den Stand der Dinge erklärt und danach in der Sache nichts weiter unternommen. Zwei Wochen später klingelte das Telefon, ein Anruf vom Sanglah-Hospital. Wann ich kommen würde, um zu unterschreiben. Ich fragte höflich: „Was soll ich denn unterschreiben?" Ja, da wäre ein Herr Sowieso und der hätte eine offene Rechnung wegen seiner stationären Krankenhausbehandlung. Darauf habe ich gesagt: „Bitte entschuldigen Sie, ich habe damit nichts zu tun." Darauf habe ich umgehend unseren Vertrauensarzt Dr. Andre Dwipa angerufen und ihm von dem Fall erzählt. Worauf er mir versprach, sich persönlich um die ganze Sache zu kümmern. Nur wenige Tage später fuhr plötzlich ein Ambulanzwa-

Der Kerl schimpfte und motzte weiter wie ein Rohrspatz.

gen beim Konsulat vor, ein Sanitäter öffnete die hintere Tür und zog eine Trage mit einem Menschen heraus und stellte die Trage bei uns direkt vors Konsulat. Dann klappte er die Autotür zu und fuhr weg. Der Patient auf der Liege motzte und schimpfte wie ein Rohrspatz – auf Deutsch: „Diese Arschlöcher!" Und so weiter. Die Leute auf der Straße guckten uns alle empört an und meinten: „Herr Jantzen, das ist ein Deutscher, kümmern Sie sich doch mal darum." Was sollte ich machen? Also habe ich bei der Botschaft angerufen, was sich als ganz große Hilfe herausstellte. Die wussten nämlich auch nicht, was zu tun ist. „Herr Jantzen, da können wir nun auch nichts dran ändern", klang es recht hilflos am anderen Ende der Leitung. „Da müssen wir sehen, wie wir das hinkriegen..." Nun lag der Mann aber direkt vor meiner Tür und alle Augen waren auf mich gerichtet. Was sollte ich machen? Der Mensch schimpfte und motzte weiter wie ein Rohrspatz. Ich habe dann meinen Vertrauensarzt angerufen und zu ihm gesagt: „Doktor Andre, was kann ich machen? Welche Möglichkeit habe ich?" Er erzählte mir, dass der Mann nicht zurück ins Krankenhaus könnte – schon wegen seines schlechten Benehmens auf der Station. Kein Arzt wollte ihn mehr behandeln. Dr. Andre erzählte mir dann, dass er so eine Art kleines Siechenheim kennen würde. Ich fragte, was das am Tag kosten würde. Er meinte so etwa 500.000 Rupien. „Okay", habe ich gemeint, „bring den hier weg und liefere ihn da ein." Dann habe ich wieder bei der Botschaft angerufen und die Lage geschildert. Der Mann lag ca. drei Wochen in dem Siechenheim und es passierte gar nichts. Er wurde gepflegt, aber er konnte nicht raus, weil er bettlägerig war, also richtig krank war. Ein Haufen Elend. Eines Tages rief das Pflegeheim an und meinte, der Patient müsste unbedingt ins Krankenhaus, um dort dringend behandelt zu werden. Ich also wieder bei der Botschaft angerufen: „Hört mal zu, so und so ist die Situation. Das ist wirklich Euer Fall, jetzt bin ich da raus, denn es besteht Lebensgefahr. Organisiert bitte den Transport ins Krankenhaus inklusive Behandlung." Es gab eine kurze Diskussion, in welches Krankenhaus er eingeliefert werden sollte, und man entschied sich schließlich für ein zentral gelegenes Krankenhaus in Denpasar, wo wir ihn dann eingeliefert haben. Dort hat der Mann eine Ewigkeit gelegen, ich weiß nicht mehr wie lange. Ewig lange und das hat ein Vermögen gekostet. Der Patient hat uns mehrfach gegenüber geäußert, dass er nicht nach Deutschland gebracht werden möchte. Die Botschaft hat, das muss ich fairerweise sagen, neben den fälligen Krankenhauskosten auch alle meine privaten Auslagen, die mir aus den Aufenthalten des Patienten entstanden waren, komplett übernommen.

Okay, dann hieß es, der Mann sollte evakuiert werden. Er sollte nach Deutschland überführt werden, dazu wurde ein deutscher Evakuierungsdienst und nicht wie normalerweise unser erfahrener Vertrauensarzt Dr. Andre mit dem Fall beauftragt. Die schickten einen Arzt, der sich den Patienten im Krankenhaus näher anschaute. Am nächsten Tag ist der Arzt wieder abgereist und teilte mir vorher mit, dass er den Patienten nicht mitnehmen würde. Das wäre ein viel zu aggressiver Typ. Da habe ich ihn gefragt:

„Warum geben sie diesem Mann keine Beruhigungsspritze? Machen die anderen Ärzte doch auch. Haben die immer so gemacht." Er klärte mich dann auf, dass ein solches Vorgehen nach deutschem Recht nicht zulässig wäre, weder mit noch ohne Einwilligung des Patienten. Und dann war der Arzt weg. Einfach abgereist! Schöne Pleite! Was sollten wir jetzt mit dem Kranken machen? Ich wies darauf hin, dass ein Transport nach Deutschland viel zu viel Geld kosten würde und er zurück in Deutschland auch wieder in ein Krankenhaus zu Lasten des deutschen Staates eingewiesen würde. Schließlich haben sie den Mann wieder in das Altersheim, in dieses Siechenheim zurückgebracht. Dort ist er auch verstorben. Er wollte wirklich nicht zurück nach Deutschland. Er hat immer gesagt: „Ich will hier auf Bali sterben." Die Botschaft hat nach seinem Tod alle Kosten seines Aufenthaltes in dem Siechenheim beglichen.

Solche Fälle gibt es leider immer wieder, das sind richtige menschliche Dramen. Das passiert halt, wenn die Leute hier einfach planlos in den Tag hineinleben und nicht an ihre Zukunft denken. Sie leben völlig unbedarft von einem zum anderen Tag, genießen alles Angenehme und Schöne und verwenden keinen einzigen Gedanken daran, dass auch sie alt werden und ihren Mitmenschen zur Last fallen. Eines Tages stehen sie ohne Geld dar. Da fehlt ihnen dann die dringend notwendige Absicherung für das

Leben im Alter. Viele glauben und hoffen einfach, irgendetwas wird schon kommen und irgendwie wird da schon etwas passieren. Aber meistens passiert nicht das, was diese Menschen sich erträumen. Leider sind das keine Einzelfälle. Die Realität – nicht nur im Paradies auf Bali – ist oft sehr hart. Ohne einen vernünftigen Plan und der konsequenten Durchführung kann man als Fremder auf Bali nicht in Ruhe alt werden.

Ich habe mich als Honorarkonsul nicht nur um solche Problemfälle kümmern müssen, es gab über die vielen Jahre auch einige schöne Aktionen und Veranstaltungen, an denen ich beteiligt war. Ich

SMP, das heißt auf Indonesisch: sudah, makan, pulang.

höre gerne klassische Musik, aber nicht den ganzen Abend, und ich höre auch gerne mal Jazz, aber auch nicht den ganzen Abend. Halt nur so wie meine momentane Stimmung ist. Ich habe als Honorarkonsul einige Konzerte auf Bali veranstaltet, unter anderem hatten wir auch das baden-württembergische Jugend-Jazz-Orchester zu Gast. Klassische Konzerte auf der Insel zu veranstalten war immer recht schwierig. Das hatte einen einfachen Grund: Von den lokalen Besuchern wurde eine solche Einladung zum Konzert meist falsch verstanden. Wenn wir also einen Pianisten oder Sänger verpflichtet hatten und der- oder diejenige gab seine Bühnenshow, dann passierte oft Folgendes: Nach dem ersten Akt gab es eine Pause und wir haben im Foyer ein paar Snacks und Getränke angeboten. Von den Indonesiern wurde das immer so aufgefasst, als damit das Konzert beendet wäre. SMP, das heißt auf Indonesisch: *sudah makan, pulang*. Also ins Deutsche übersetzt: Schon gegessen, nach Hause gehen. Und dann sind die Leute immer in der Pause nach Hause gegangen, obwohl wir darauf hingewiesen haben, dass es noch weitergeht. Das Konzert war noch nicht zu Ende, aber der Saal war leer. Das war natürlich immer sehr unangenehm, dem Künstler das Verschwinden der Besucher zu erklären. Oft hatten wir die Künstler schon vorgewarnt.

  Zu den Konzerten gibt es noch eine andere Geschichte. Es gab einen sehr bekannten Indonesier, der sehr gute Beziehungen nach Deutschland hatte. Eines Tages war er zu Gast in Hamburg und bekam gesundheitliche Probleme. Er fühlte sich unwohl und hat einen Arzt aufgesucht. Der Arzt hat ihn untersucht und meinte mit sehr ernster Miene: „Gehen Sie mal ganz schnell zu einem Herzspezialisten, Sie haben etwas mit dem Herzen." Dort hat man ihn eingehender untersucht und er wurde schließlich am

Herzen operiert. So weit, so gut. Als dieser Mann nach längerer Zeit wieder nach Hamburg kam, da fiel ihm diese Geschichte ein. Und ihm wurde noch einmal bewusst, dass der Arzt, der ihn zum Spezialisten geschickt hatte, ihm damit quasi das Leben gerettet hatte. Also wollte er sich gerne dem Arzt gegenüber erkenntlich zeigen. Er hat die Praxis aufgesucht und hat zu dem Arzt gemeint: „Ich möchte mich bei Ihnen für Ihre Hilfe bedanken. Ich möchte Sie gerne nach Indonesien einladen. Und bringen Sie bitte Ihre Frau und Ihre Kinder mit." Der Arzt war einerseits sehr erfreut und dankbar, doch er konnte die Einladung nicht annehmen. „Hören Sie, ich würde das ja gerne machen, aber dieses Jahr ist das unmöglich", sagte er zu seinem ehemaligen Patienten. „Wir haben schon gebucht. Wir machen eine Konzertreise. Ich bin Mitglied im Hamburger Ärzte-Orchester." Da hat der großzügige Mann aus Indonesien gemeint: „Kein Problem, bringen Sie Ihre Musiker doch alle mit." Da fragte der Arzt: „Wie soll das gehen? Wir sind ca. 50 Mann im Orchester." „Ja und, wo ist das Problem?", antwortete sein Gegenüber. „Dann kommen Sie zusammen mit Ihren 50 Kollegen nach Indonesien. Sie wissen vielleicht nicht, wer ich bin. Ich bin Herr Sowieso. Wenn ich Sie einlade, dann können Sie mir glauben, dass ich das ernst meine."
Kurz danach rief mich der Sekretär dieses ehrenwerten Mannes in meinem Büro in Bali an und bat mich

um Unterstützung bei der Suche nach einem Hotel und Hilfe bei der Buchung eines Saales sowie der Durchführung des Konzertabends. Das habe ich natürlich gerne gemacht. Wir haben ein großes Hotel in Kuta gemietet plus einen Konzertsaal. Dort hat das Hamburger Ärzte-Orchester ein schönes für die Öffentlichkeit zugängiges, gut besuchtes und eintrittsfreies Konzert gegeben mit anschließendem deutschen Büfett. Alle waren zufrieden. Und ich muss noch heute sagen: Alle Achtung vor dem Mann, der das so großzügig in die Wege geleitet hat. Ich habe diesen Mann immer hoch verehrt.

Kapitel 3

Unvergessliche Momente

Als Honorarkonsul habe ich über die Jahre eine ganze Reihe von Staatsgästen aus Deutschland begrüßen und in meinem Amtsbezirk betreuen dürfen. Und ich muss sagen, ich hatte das Glück, die Arbeit als Honorarkonsul in relativ guten Zeiten machen zu dürfen. Im April 1986 wurde ich zum ersten deutschen Honorarkonsul für die Bundesrepublik Deutschland für den Amtsbezirk Bali und NTB (Nusa Tenggara Barat ist eine indonesische Provinz mit den Inseln Lombok, Sumbawa plus einige kleinere Inseln) berufen, neun Jahre nach der Ankunft in meiner neuen Heimat Bali. Es gab damals nur einen Berufskonsul und einige wenige Honorarkonsuln aus den verschiedenen Staaten auf Bali. Zu Anfang hat uns der Gouverneur von Bali noch mit „Ihre Exzellenz!" angesprochen. Ja, früher war das so. Da wurde ich zu allen großen Veranstaltungen von Militär, Regierung oder Polizei eingeladen oder es wurde ein neuer Kommandeur vorgestellt oder es gab eine Parade – ich war überall als Repräsentant für Deutschland dabei. Oftmals war es schwierig, diese Termine mit meinen geschäftlichen Verpflichtungen

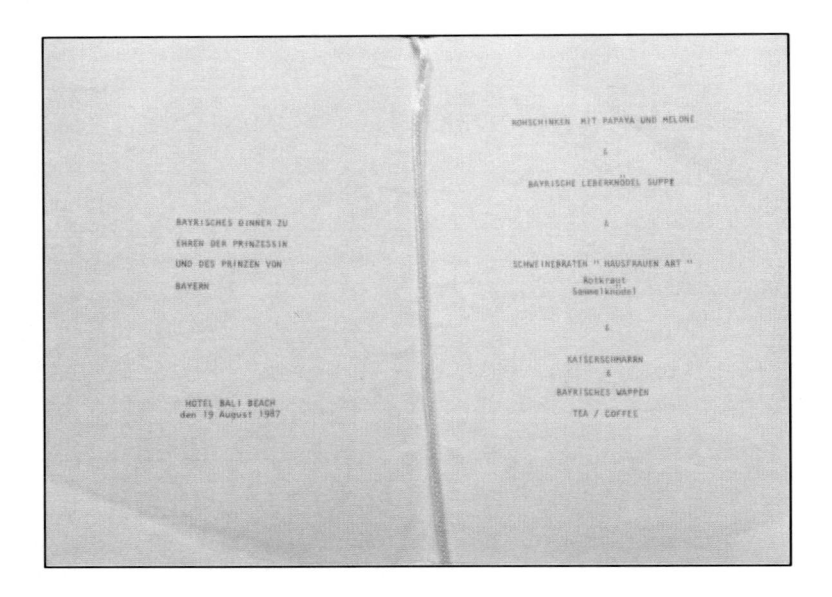

Schlichte Karte, aber ein besonderes Essen für Bali-Verhältnisse. Das offizielle Menü für Prinz von Bayern, den ich 1987 zum Abendessen auf unserer Insel begrüßen durfte.

zu koordinieren. Das waren oft sehr viele Termine binnen kurzer Zeit, aber es hat immer viel Spaß gemacht. Und – man darf nicht vergessen – ich habe dabei sehr viele Leute kennengelernt. Wir hatten über die ganzen Jahre natürlich auch sehr viele Gäste, die ich als Honorarkonsul betreuen musste. 1987 konnte ich zum Beispiel den Prinzen von Bayern auf Bali zu einem Abendessen begrüßen. Dafür hatte ich mit dem Executive-Chef des Hotels ein spezielles Menü zusammengestellt. Es gab rohen Schinken mit Papayas, Leberknödelsuppe und Schweinebraten auf Hausfrauenart mit Rotkraut und Semmelknödel und als Nachtisch Kaiserschmarrn. Da war ich gerade ein Jahr als Honorarkonsul im Amt. Das war eine sehr nette Begegnung.

Früher sind viele Politiker, nachdem sie Jakarta offiziell aufgesucht hatten, gerne anschließend nach Bali in meinen Amtsbezirk gereist. Heute erlaubt wohl das Budget nicht mehr derartig aufwendige Reisen. Wenn Minister oder Abgesandte heute nach Indonesien oder speziell nach Bali kommen, dann wickelt die deutsche Botschaft in Jakarta das alleine ab. Früher haben wir als Konsulat vieles auf Bali organisiert. Wenn sich ein politischer Gast aus Deutschland angekündigt hatte, dann waren wir hier vor Ort in alle Dinge eingebunden. Das beinhaltete Transport und Unterbringung, die Sicherheit in den Hotels, die Berücksichtigung der Vorlieben und der Nicht-Vorlieben unserer Gäste, das Vorab-Checken aller Fahrtrouten mit Entfernung, Zeit und Gefahrenzonen. Wir haben die Hotelbuchung mitdurchgeführt, wir sind die Strecke mit den Botschaftsmitarbeitern oder mit den Leuten vom Auswärtigen Amt

Herrn Honorarkonsul
Reinhold Jantzen
Bali, im Oktober 1988

Ein Jahr bevor er als „Kanzler der Einheit" in der ganzen Welt gefeiert wurde, konnte ich Helmut Kohl im Oktober 1988 als Staatsgast auf Bali begrüßen.

abgefahren. Wie lange braucht man von hier nach da? Wie ist es mit der Sicherheit bestellt? Kann man unterwegs eine Pause machen? Wo kann man anhalten? Gibt es dort akzeptable Restaurants? Da haben wir oft Tage lang dran gebastelt, um einen genauen Ablaufplan zusammen mit der Botschaft zu erstellen. Das war sehr viel Arbeit. Okay, und dann kommt der Besucher an, fährt kurz zu irgendeinem Tempel und meint nur lapidar: „Schön! Schön!" Dann dreht er sich um und ist wieder weg. Und dafür haben wir tagelang gearbeitet. Nun gut, so ist das halt.

Solche Aufgaben haben wir früher als Konsulat umfassend und auch mehr oder weniger eigenständig erledigt und mitorganisiert. Heute ist das alles nicht mehr so, heute ist die deutsche Botschaft in Jakarta bei allen Events und Staatsbesuchen federführend. Und noch etwas hat sich geändert: Es kommen kaum noch hochrangige Besucher offiziell nach Bali. Durch die vielen Besucher habe ich sicherlich eine Menge Bekannte gewonnen. Auch unter Politikern, die heute noch zum Teil aktiv sind und die ich persönlich kennenlernen durfte. Natürlich waren auch einige Bundeskanzler und Bundespräsidenten auf Bali: Helmut Kohl, Richard von Weizsäcker und Johannes Rau. Herr von Weizsäcker war sogar zweimal hier. Bundeskanzler Gerhard Schröder sollte 2003 im Rahmen seiner Indonesien-Reise auch Bali besuchen, aber er hat seinen Besuch kurzfristig abgesagt. Nach dem verheerenden Bombenanschlag 2002 wurde Bali von vielen von vielen Touristen gemieden. Da wollte Herr Schröder helfen, also ein Zeichen setzen. Er sollte von Jakarta nach Bali anreisen. Wir

Bali vom Schönsten. Ein traumhafter Abendhimmel über einer kleinen Insel vor der Küste. Die Vorderseite einer Postkarte, die von Gerhard Schröder leider nie abgeschickt wurde. Der damalige Kanzler sagte seinen Besuch auf Bali überraschend kurzfristig ab.

hatten alles arrangiert, doch einen Tag vorher hat er seinen Besuch auf Bali ganz unerwartet abgesagt. Okay, so etwas kann schon mal passieren. Ich weiß aus eigener Erfahrung, wie eng die Termine manchmal sind. Da musste ich dann beim Gouverneur vorstellig werden und Gerhard Schröders Besuch wieder absagen. Ein politischer Gast während meiner

Zeit als Honorarkonsul hat mich besonders erfreut, obwohl ich erst gar nicht wusste, um wen es sich dabei handelte. Der Botschafter rief mich eines Tages an und sagte: „Herr Jantzen, kommen Sie nach Jakarta."

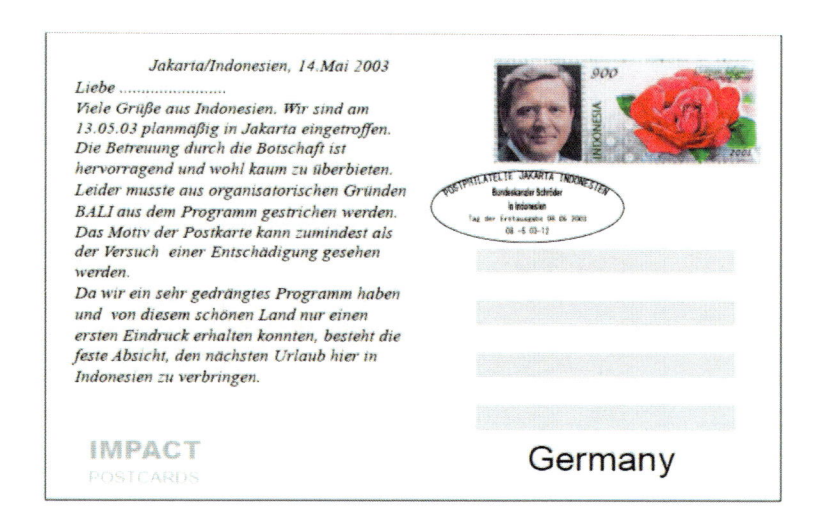

Die Rückseite der Kanzler-Botschaft. Wie man deutlich sieht: Die Postkarte für die Freunde zuhause war schon vorbereitet. Auch ein Bundeskanzler überlässt nichts dem Zufall. Dennoch musste Gerhard Schröder bei seinem Indonesien-Besuch 2003 kurzfristig umdisponieren. Leider klappte sein Abstecher von Jakarta nach Bali wegen eines „gedrängten Programms" nicht.

Ich fragte: „Ja, was ist denn?" Er sagte nur kurz: „Kommen Sie nach Jakarta!" Also bin ich nach Jakarta geflogen. Als ich in der Botschaft eintraf, da sagte der Botschafter zu mir: „Ich würde Ihnen gerne später unseren Herrn Ex-Bundeskanzler Schmidt vorstellen." Darauf meinte ich etwas überrascht: „Ach, das finde ich aber nett." Also führte er mich später bei einem Empfang in einen Nebenraum und da saß Helmut Schmidt in einem Sessel. Ich durfte mich dazusetzen. Doch was soll man in solch einem Moment

„Das sagt einem ja nun erstmal gar nichts." Punkt.

sagen? Wie beginnt man ein solches Gespräch? Da habe ich einfach spontan gesagt: „Sehr geehrter Herr Bundeskanzler, ich bin auch aus Hamburg." Und da guckte er mich etwas abschätzend kritisch an und meinte so richtig mit seiner berühmten Schmidt-Schnauze: „Das sagt einem ja nun erstmal gar nichts." Punkt. Das war seine Antwort. Mehr nicht. Okay, nachher haben wir wirklich nett zusammen geklönt und uns über das Leben im Ausland und natürlich über unser Hamburg unterhalten. Dabei hat Herr Schmidt selbstverständlich geschmökt. Das finde ich gut, dass er immer zu verstehen gab, dass Rauchen zu seinem Leben gehörte und dass das so war und man ihn nur so akzeptieren musste. Er hat das konsequent durchgezogen, egal wo er war. Auch in Amerika, wo sie ihn manchmal sogar aus einem Restaurant rausschmeißen wollten. Da hat er dann gesagt: „Ich rauche oder sonst gehe ich." Als er gestorben war, haben wir eine Kondolenzecke im Konsulat in Sanur eingerichtet und haben ein Buch ausgelegt mit Fotos und Kerzen. Das musste sein, denn Helmut

Zwei Hamburger beim angeregten Klönschnack in Jakarta. Der frühere Bundeskanzler Helmut Schmidt (li) auf Besuch in Indonesien. Konsul Jantzen lauscht gespannt den Erzählungen des wohl beliebtesten deutschen Politikers.

Schmidt war schon ein einmaliger Mensch auf seine ganz besondere Art. Er hatte Autorität. Und er hatte eine eigene Meinung und ganz eigene Vorstellungen. Er hat sich nie verbiegen lassen. Das fehlt vielen Politikern. Heute trifft man viele Politiker, die eher mal

*Einer meiner vielen Gäste auf Bali war auch der
CDU-Politiker Volker Kauder (li.).*

abschätzen, wie sie wohl am einfachsten durchkommen und dafür schnell mal einen Kompromiss hier und einen Kompromiss da schließen. Das hat Helmut Schmidt nie gemacht. Damit ist er natürlich auch öfters angeeckt. Das gefällt mir sehr gut, wenn Leute anecken. Dann haben sie jedenfalls ein Profil.

Angela Merkel war während meiner Amtszeit als Honorarkonsul nicht auf Bali. Aber dafür waren zahlreiche andere deutsche Politiker in Indonesien zu Gast: Einmal mal konnte ich den früheren Bundesminister für Forschung und Technologie, Heinz Riesenhuber, auf Bali betreuen, wie auch den ehemaligen Forschungsminister Jürgen Trittin und den CDU-Bundestagsabgeordneten Volker Kauder.

Einer meiner ersten offiziellen Gäste auf Bali war Wolfgang Schäuble mit Gattin. Rechts meine liebe Frau Endang.

Einer meiner ersten Gäste auf Bali war der CDU-Politiker Wolfgang Schäuble. Sigmar Gabriel von der SPD hat uns ebenfalls auf Bali besucht. Er nahm an einer internationalen Sitzung teil, um Deutschland zu repräsentieren. Völlig unerwartet hatte der indonesische Präsident die deutsche Delegation zu einer Abendveranstaltung eingeladen. Die offizielle Kleidervorschrift besagte, dass man Batikkleidung tragen sollte. Sigmar Gabriel besaß damals eine Figur,

Die Suche nach dem passenden Hemd. Sigmar Gabriel (m.) noch im Freizeitlook. Konsul Reinhold Jantzen (re.) konnte zum Glück das passende Batikhemd für den Empfang beim indonesischen Präsidenten ausleihen. Links der deutsche Botschafter Baron Freiherr von Maltzahn.

die etwas rundlicher wirkte. Dafür ein passendes Batikhemd so schnell zu finden war gar nicht einfach. Da waren die deutsche Botschaft und das Protokoll ganz schön im Stress: Was macht man in solch einem Fall? Wo bekommen wir das passende Hemd her? Bis irgendjemand meinte: „Unser Bali-Konsul hat die gleiche Figur." *[Reinhold Jantzen lacht herzhaft bei dieser Erzählung.]* Und dann kriegte ich umgehend einen Anruf: „Bitte ein Batikhemd sofort einpacken und zu uns ins Hotel schicken!" Wir haben also ein entsprechendes Hemd rausgesucht und siehe da: Es passte! Am letzten Tag seines Besuches meinte Herr Gabriel dann zu mir: „Oh, ich muss Ihnen noch das Batikhemd mit vielen Dank zurückgeben." Daraufhin habe ich geantwortet: „Tun Sie mir einen großen Gefallen. Nehmen Sie das Hemd bitte als Andenken mit." Sigmar Gabriel war eine sehr nette Persönlichkeit. Also, wenn ich so zurückblicke, dann hielten sich eine ganze Reihe von bekannten und netten Ministern während meiner Zeit als Honorarkonsul in Indonesien und auf Bali in meinem Amtsbezirk auf.

Natürlich lief nicht immer alles einwandfrei. Da ging auch schon mal das ein oder andere daneben. Ohne richtige Namen zu nennen, kann ich doch eine kleine Geschichte erzählen. Irgendein Minister sollte offiziell nach Bali kommen. Wir hatten alles vorbereitet. In so einem Fall bekamen wir immer von der deutschen Botschaft bzw. vom Auswärtigen Amt eine Kopie der *Verbal Note*, nach der man alle Termine und Buchungen vorbereitete. Man informierte den Gouverneur, dass der Gast mit dem Flugzeug mit der Nummer sowieso anreist. Der Gouverneur hatte daraufhin seine Gamelan-Tanzgruppe als Begrüßung instruiert. Alle Beteiligten sollten unten an der Gangway stehen, um den Gast zu begrüßen. Wir fuhren also zum Flughafen, das Flugzeug landete und wir alle inklusive des Gouverneurs Ida Bagus Oka bewegten uns zur Gangway hin. Eine ganze Reihe von Leuten kamen die Treppe herunter, nur unser Gast erschien nicht. Hellste Aufregung. Ja, wo ist der denn? Ich bin also die Treppe hochgestürmt, rein ins Flugzeug, doch dort war alles leer. Ich die Treppe wieder runter. Wo ist der Mann nur? Wir wieder zurück zum VIP-Raum, von wo ich sofort mit der Botschaft telefonierte: „Ich stehe hier am Flughafen. Wo ist der Minister? Haben Sie irgendwelche Informationen, was sich verändert hat?" „Nein, haben wir nicht!"

Ich habe dann meine Frau angerufen, ob im Konsulat irgendwie ein Anruf eingegangen wäre. Nein, nix! Also haben wir kurz überlegt, in welchem Hotel der Mann denn wohnen sollte. Dort haben wir angerufen und nachgefragt. Ich blieb sicherheitshalber am Flughafen. Damals ging ja noch nix mit Handy. Und so saß ich zusammen mit dem Gouverneur, der glücklicherweise ein guter Bekannter von mir war, auf dem Flughafen und wartete. Einen Augenblick später kriegte ich einen Anruf von meiner Frau: „Reinhold, ruf mal in dem Hotel an und verlange folgende Zimmernummer." Ich also angerufen, worauf sich eine Stimme am Telefon meldete: „Hallo!" Darauf habe ich gesagt: „Hallo! Wissen Sie wer ich bin? Mein Name ist Jantzen." Darauf die Antwort: „Ach, sind Sie der Konsul?" Ich sagte: „Ja, ich bin der Konsul. Wissen Sie, wo ich bin?" Antwort: „Nein!" Darauf ich: „Ich stehe am Flughafen." „Oh, Sie stehen am Flughafen..." „Ja, mit dem Gouverneur und einer

„Das sage ich Ihnen:
Für den Mann tue ich nichts mehr.
Ich habe mich so blamiert."

Tanzgruppe mit allem Drum und Dran." „Oh," meinte er, „dann hat man Sie nicht informiert?" Daraufhin ich etwas verärgert: „Nein, man hat mich überhaupt nicht informiert. Ich weiß von nix!" Und dann erzählte er: „Ich war vorher in einem anderen Land, wo ich meinen Aufenthalt etwas verkürzen konnte, so dass ich einen Ruhetag mehr auf Bali einlegen konnte. Also bin ich einen Tag früher angereist." Worauf ich meinte: „Das finde ich aber sehr nett. Warum haben Sie uns denn nicht benachrichtigt?" Daraufhin er etwas kleinlaut: „Das tut mir sehr leid. Das haben wir wohl vergessen." Worauf ich sagte: „Nun, denn mal vielen Dank." Ich habe mich dann umgehend beim Gouverneur entschuldigt, unter dem Vorwand, wir hätten einen Kommunikationsfehler gehabt: „Tut mir leid. Ich bitte vielmals um Entschuldigung." Okay, alle wieder nach Hause. Feierabend!

Anschließend habe ich bei der deutschen Botschaft angerufen und mich ordentlich beschwert: „Das sage ich Ihnen: Für den Mann tue ich nichts mehr! Ich habe mich so blamiert." „Ja, ja, beruhigen Sie sich man erstmal", hieß es dort. Der Mann ist noch zwei Tage auf Bali geblieben und ich sollte ihn zum Flughafen zurückbringen. Das habe ich strikt abgelehnt: „Nee, mach ich nicht!" Da wies mich später der Botschafter am Telefon zurecht: „Herr Honorarkonsul Jantzen, ich gebe Ihnen hiermit den dienstlichen Auftrag, Herrn Sowieso zum Flughafen zu bringen. Was sagen Sie jetzt?" Ja, okay. Also habe ich den Gast zusammen mit seiner Frau abgeholt und zum Flughafen gebracht, bis an die Treppe ins Flugzeug. Als er die Gangway halb hochgestiegen war, drehte er sich um und guckte so auf mich herab und sagte etwas kleinlaut: „Ich glaube, Sie sind sauer auf mich." Worauf ich meinte: „Ja, das kann man wohl so sagen." Darauf drehte er sich um und kam die Treppe wieder herunter, griff in seine Tasche und holte ein Paket hervor und drückte es mir in die Hand. Ja, was soll ich sagen, da war eine Uhr drin. Diese Uhr habe ich heute noch und sie steht bei mir im Schrank. Ich denke, diese Panne kann wohl eher eine Unachtsamkeit von seinem Team gewesen sein. So etwas passiert schon mal, aber es war für mich gegenüber dem Gouverneur sehr peinlich.

Bundespräsident Johannes Rau war einmal auf dem Weg nach Australien und die Flugdelegation legte auf Bali einen Zwischenstopp zum Auftanken und für den Service ein. Im offiziellen Protokoll heißt das: *„Technical nature without any formal meetings and talks with the Indonesian authorities."* Also, der wollte nur herkommen und überhaupt keine offiziellen Besucher haben und auch keine offiziellen Gespräche führen. Kein Nichts, kein Garnichts. Da habe ich gesagt: „Das geht nicht!" Also, wenn er herkommt, dann müsste er, wenn er nicht unbedingt den Gouverneur sprechen möchte, zumindest einen Abgeordneten des Gouverneurs treffen und diesem „Guten Tag" sagen. Das muss sein. Es ist üblich auf Bali, dass die Gäste mit Tanzmädchen und mit Gamelan-Musik begrüßt werden. Letztendlich habe ich das auch bei Johannes Rau durchgedrückt. Zu guter Letzt hat er sogar noch eine Pressekonferenz gegeben. Es ist bei solch diplomatischen Ereignissen immer wichtig, dass Mitarbeiter vor Ort sind, die sich mit den lokalen Gepflogenheiten und traditionellen

Gesetzen des Landes auskennen. Die also genau wissen, was Tradition ist oder was eben nicht gemacht werden kann oder darf. Ansonsten kann da schon mal einiges schieflaufen.

Bundespräsident Johannes Rau und seine Frau Christina (l.) werden bei einem Zwischenstopp auf Bali offiziell von Honorarkonsul Reinhold Jantzen begrüßt.

Kapitel 4

Der Präsident ist weg!

Eines Tages bekam ich die Nachricht, dass unser Bundespräsident bzw. Alt-Bundespräsident Richard von Weizsäcker auf Einladung des indonesischen Präsidenten mit seiner Frau nach Jakarta und anschließend nach Bali kommen wollte. Da gibt es zwei schöne Geschichten zu erzählen: Eine vom Auto und eine andere von einer Segeltour.

Als Herr und Frau von Weizsäcker 1995 auf Bali ankamen, haben meine Frau und ich die Beiden am Flughafen in Empfang genommen. Es ging alles wunderbar und alles lief wie am Schnürchen. Eigentlich waren sie Gäste vom Präsidenten und sollten im Palast hier auf Bali wohnen. Aber das wollten sie nicht, sie wollten lieber im Hotel wohnen. Für den Transport vom Flughafen wurde ihnen laut Protokoll des indonesischen Präsidenten ein Wagen zur Verfügung gestellt. Das war in diesem Fall eine Limousine der Marke Volvo. Dort stiegen Herr und Frau von Weizsäcker jedoch nicht ein, sondern sie wollten unbedingt mit mir und meiner Frau zusammen in meinem Privatwagen Marke Peugeot mitfahren. Okay, vorweg fuhr also laut Protokoll ein dunkelblauer Volvo und wir in meinem Wagen hinterher. Alles war wunderbar, alles lief perfekt. Wie wir so im Auto saßen und erzählten, dass man auf der Fahrt ins Landesinnere so schön die Menschen beobachten könnte, da sagte Frau von Weizsäcker: „Ich würde viel lieber in einem Auto sitzen, wo man höher sitzt. Wo man besser gucken kann. Wo man besser sehen kann. Hier sieht man nur sehr wenig." Da habe ich zu ihr gesagt: „Ja also, wenn sie das gerne möchten, wir können Ihnen auch ein anderes Auto fürs Sightseeing zur Verfügung stellen. Was hätten sie denn gerne?" Darauf antwortete sie: „Das weiß ich auch nicht."

Zufälligerweise fuhr vor oder neben uns ein Kijang der Marke Toyota. Da habe ich sie gefragt: „Meinen Sie so einen Wagen?" Sagte sie: „Ja, so einen meine ich." Ich antwortete: „Wir haben einen, aber das ist ein nagelneuer und der hat aber an der Seite den Werbeschriftzug „PT. SOEJASCH BALI", das ist der Name meiner Firma, der ist dort draufgedruckt." Da meinte Frau von Weizsäcker: „Das macht mir nichts aus." Ich fragte vorsichtshalber noch einmal nach: „Das macht Ihnen wirklich nichts aus?"

„Nein", sagte sie, „das ist mir völlig egal." Darauf flüsterte ich meiner Frau zu: „Geht das? „Ja", flüsterte meine Frau zurück. Für den nächsten oder übernächsten Tag hatten die Damen sich alleine zum Shopping verabredet. Ich hatte veranlasst, dass unser Wagen schön gewienert wurde und mit Fahrer zur Verfügung stand. Also fuhr unser neugestalteter Präsidenten-Konvoi über Balis Straßen – vorweg der blaue Volvo laut Protokoll, dahinter unser Firmen-Kijang mit dem Werbeschriftzug „PT. SOEJASCH BALI" an der Seite und als Schlusslicht wieder ein Wagen des Protokolls. Auf der Fahrt hielten sie noch vor einigen Geschäften an und die Damen gingen kurz zum Einkaufen. Als mir das später erzählt wurde, fand ich das recht amüsant. Richard von Weizsäcker wollte gerne irgendeine Tour machen. Zum Glück fiel mir ein, dass mein guter Freund Walter Hänes eine große Segelyacht besaß. Also habe ich den Herrn Bundespräsident gefragt, ob er Interesse an einer Segeltour hätte. Ja, er hätte sehr großes Interesse. Wunderbar! Und dann habe ich alles arrangiert und wir sind an Bord gegangen – zusammen mit zwei Security-Leuten und einem Fotografen. Herr von Weizsäcker hatte extra einen Fotografen dabei, weil er ein Buch plante oder so etwas in der Richtung. Mit dieser Crew sind wir in See gestochen. Alles war sehr harmonisch und sehr schön. Kurze Hose und entspannte Atmosphäre. Frau Hänes hatte sogar noch etwas zu essen vorbereitet, mit Kaffee und selbstgebackenem Kuchen. Das war alles recht

Alle Mann an Bord! Richard von Weizsäcker, mein Sohn Robert und ich (v. l.) an Bord der Segelyacht. Nicht ahnend, welches Abenteuer noch auf uns wartete.

gemütlich. Ich hatte meinen Sohn Robert mitgenommen, um diese Segeltour ein bisschen familiärer zu gestalten. Wir sind raus aufs Meer gesegelt und haben das schöne Wetter und die gesamte Atmosphäre genossen. Alles wunderbar! Doch mit einem Mal ertönte die panische Ansage: „Der Präsident ist weg!" Alle sprangen hoch. Die Security-Leute rannten hekisch los, einer gleich runter ins Unterdeck und der andere flitzte wie von der Tarantel gestochen auf dem Oberdeck umher. „Der Präsident ist weg. Der Präsident ist nirgends zu finden." Totale Aufregung und Hektik. Heilige Schei... . Bis einer auf die glorreiche Idee kam und auch mal nach oben schaute. Und da hing er oben im Mast, unser Bundespräsident. Er war wirklich den Mast so gut wie hochgekrabbelt, und dort oben stand er triumphierend. Als ich das sah, bekam ich ein panikartiges Prickeln im Bauch. Vor allem, als der Fotograf auch noch anfing zu rufen: „Spring, spring!" Der wollte das Spektakel natürlich fotografieren. Ich hatte allergrößte Bedenken und schrie: „Um Gottes Willen, das Schiff schaukelt." Okay, so groß war das Schiff nun auch wieder nicht. Ich bekam es mit der Angst und ich musste natürlich sehr resolut eingreifen. „Herr Bundespräsident, Sie sind mein Gast auf diesem Schiff. Ich muss Sie dringendst bitten, kommen Sie da sofort runter. Bitte springen Sie nicht! Das Schiff schaukelt und ich möchte nicht, dass hier irgendetwas passiert." Dann

Auf- oder Abstieg? Richard von Weizsäcker war heimlich den Mast hochgeklettert. Keiner von uns hatte es mitbekommen.

haben wir noch ein bisschen hin und her geredet und geredet und letztendlich kam er runter. Wie er fast unten war, da meinte er: „Dann springe ich eben von der Reling." Ich antwortete etwas erleichtert: „Ja, wenn Sie von der Reling springen wollen, kein Problem." Und dann stellte er sich an die Reling und der Fotograf lehnte sich ganz weit nach außen über die

Und dann sprang er doch noch, wenn auch nur von der Reling. Richard von Weizsäcker lieferte eine gute Show. Ende gut, alles gut.

*Die Ruhe nach dem Sturm. Nachdem der Bundespräsident (re.)
vom Mast heruntergeklettert und dann auf eigenen Wunsch von
der Reling ins Meer gesprungen war, waren alle zufrieden.
Über die persönlichen handschriftlichen Dankesworte auf dem
Erinnerungsfoto habe ich mich natürlich sehr gefreut.
Tausend Dank, lieber Richard von Weizsäcker!*

Reling hinaus – und schließlich sprang der Bundespräsident mit einem Kopfsprung ins Meer. Ich muss zugeben, der Mann war für sein Alter noch richtig sportlich. Im Nachherein bin ich sehr froh, dass die Sache letztendlich so gut ausging. Zwischendurch hatte ich richtig Angst, dass da etwas passieren könnte. Das wäre gar nicht auszudenken gewesen. Als Vertreter der deutschen Botschaft hatte ich die ganze Verantwortung. Das wurde mir auf dem Segelboot von Minute zu Minute bewusster. Auch wenn ein Mann wie Richard von Weizsäcker nur in privater Mission nach Bali anreiste, so konnte ich das übliche Protokoll nicht ganz außer Acht lassen. Ich musste zwar keine Empfänge organisieren, aber die private Sicherheit des Bundespräsidenten musste unbedingt gewährleistet sein. Zum Glück hat sich aber alles zum Besten aufgelöst und keiner ist zu Schaden gekommen. Ende gut, alles gut!

Kapitel 5

Der erste und letzte Exot

Ich versuche den Leuten zu helfen. Das ist meine Art und die werde ich auch nicht verändern. Wenn ich den Besuchern im Konsulat nur sagen müsste, so wie das heute ist: Also nach Paragraf 27 Artikel 9 ist das und das nicht zulässig und somit kann ich Ihnen nicht helfen – so etwas ist nicht meine Sache. Wenn Leute kommen und mir ihr Problem schildern, dann versuche ich immer, ihnen zu helfen, wenn ich kann. Ich gab ihnen aber auch sofort zu verstehen, wenn ich nicht helfen konnte. Irgendwie nur einen Stempel auf ein Papier drücken – mit dieser Art von Arbeit hatte ich nie etwas am Hut. Das ist nichts für mich. Ich hatte das Glück, dass ich in relativ guten Zeiten als Honorarkonsul mit großen eigenen Entscheidungsfreiheiten arbeiten durfte. Es war schön, dass man mich so lange hat machen lassen, bis ich dann aus Altersgründen nach ganzen 27 Jahren aus eigenem Entschluss abgedankt habe.

„Reinhold Jantzen ist ein außergewöhnlich, sehr geschickter und tatenvoller Patriot, von dessen Einsatz viele nicht nur in notgeratene Bürgerinnen und Bürger in Deutschland und in der Welt positiv berichten könnten." Alfred Körner spricht aus Erfahrung und aus dem Herzen, wenn er die Charakterstärke seines langjährigen Kollegen zusammenfasst. Als Kanzler/Ständiger Vertreter der Deutschen Botschaft im Sultanat Brunei begegneten sich die beiden Diplomaten erstmals im Jahr 2000. Seither verbindet sie eine freundschaftliche Beziehung. Nach 30 Jahren Auslandseinsatz auf vier von fünf Kontinenten im Deutschen Diplomatischen Dienst erfreut sich der im Ruhestand befindliche Alfred Körner rückblickend all seiner vielfältigen Erfahrungen und Erlebnisse.

Ich habe von Alfred Körner viele gute Ratschläge erhalten und bin sehr froh, dass ich während meiner Zeit als Honorarkonsul von seinen „vielfältigen Erfahrungen und Erlebnissen" profitieren durfte. Ich bin vielleicht der erste und der letzte Exot, der das Amt als Honorarkonsul so strikt nach seinen eigenen Vorstellungen ausgeübt hat. Jedenfalls war ich der erste Honorarkonsul auf Bali und NTB. Ich habe in meiner Zeit als Konsul neun Botschafter erlebt. Bis auf einen bin ich mit allen glänzend ausgekommen. Wir hatten ein sehr gutes Vertrauensverhältnis. Alle haben mir immer gesagt: „Herr Jantzen, machen Sie mal. Herr Jantzen, Sie machen das schon!" Man hat

Zu Besuch bei Botschafter Dr. Heinrich Seemann und seiner Frau Karin. Seemann war ab 1994 als deutscher Botschafter in Indonesien tätig. Und damit einer meiner neun Vorgesetzten als Honorarkonsul von Bali.

mich immer machen lassen. Auch bei dem Bombenattentat im Jahr 2002: „Herr Jantzen, Sie machen das schon." Und ich habe es gemacht. Das war für mich die Genugtuung für meine Arbeit. Ob da nun einer am Flughafen steht und schreit: „Jantzen der Konsul, das A…!" Das prallt an mir ab. Das nehme ich mir nicht so zu Herzen. Wenn aber heute noch Leute ins Konsulat kommen und sagen, sie wollen mit mir reden, dann ist das eine Bestätigung für meine langjährige Arbeit. Natürlich freut man sich über Lob – auch wenn's später kommt. Ich hatte im Februar 2018 eingeladen zur Feier des 30-jährigen Jubiläums unseres Stammtisches in unser „Mama's German Restaurant" in Kuta. Wir saßen alle gemütlich zusammen und es begrüßte mich später ein Gast, der mir bekannt vorkam. Er erklärte mir, dass er bei der deutschen Botschaft in Jakarta beschäftigt gewesen war. Daraufhin konnte ich ihn entsprechend einordnen. Er stellte sich als Wolfgang von Landenberg vor und dieser Name war mir natürlich bekannt. Herr von Landenberg war vor ca. zehn bis zwölf Jahren bei der Botschaft beschäftigt gewesen. Wir kamen ins Gespräch und ich fragte ganz überlegt etwas gezielter nach. Thema: Mein Kontakt zu der Botschaft und mein Ansehen bei den Botschaftsangehörigen. Und da sagte er wörtlich: „Es herrschte ein einmalig guter Kontakt." Ich fragte nach: „Wieso das?" „Ja", sagte er, „wenn irgendwie nur das Gespräch auf Bali kam, dann war sofort vom Botschafter und von allen Botschaftsangehörigen zu hören: ‚Lass den mal ruhig machen. Der macht das schon!' Wenn irgendeiner einen Einwand erhob, dann hieß es gleich: ‚Nein, lass den mal machen. Der macht das!'" Und dann hat Herr von Landenberg noch hinzugefügt: „Ja, es hat auch schon mal einer in der Botschaft gemeint: ‚Wir müssen mal nach Bali und nach dem Rechten sehen.' Dann ist dieser Mitarbeiter zurück in die Botschaft gekommen und hat irgendeine Lappalie vorgebracht und hat diese Lappalie aufgeblasen wie einen Ballon. Dann wurde nur die Luft rausgelassen und schon war das Thema wieder vom Tisch."

Mein Sohn Robert als mein Nachfolger als Honorarkonsul ist sehr engagiert und kommt seinen Verpflichtungen sehr diplomatisch nach. Aber mein Sohn macht das heute anders als ich. Mein Sohn macht das, was das Auswärtige Amt durch die Botschaft ihm aufträgt. So wird das strikt ausgeführt. Ich habe früher das Risiko getragen, so dass ich auch öfters mal in der Kritik stand. Das konnte ich ertragen. Ich war wirklich in der glücklichen Lage, zur rechten Zeit Konsul gewesen zu sein. Okay, Konsul bin ich heute noch, aber *retired*, also im Ruhestand. Ich hatte noch Autorität und konnte etwas machen und bewirken. Heute ist das nicht mehr so, heute ist man mehr oder weniger Weisungsempfänger der Botschaft. Das ist halt der Unterschied. Wenn ich nur einen Stempel unter ein Schreiben setzen soll und keine Möglichkeit mehr habe richtig zu helfen – die Betonung liegt auf „helfen" –, dann wäre das schwierig für mich. Vielleicht hätte ich die Arbeit als Honorarkonsul unter den heutigen Bedingungen nicht angefangen. Aber wer weiß das schon... Die Bedingungen und Voraussetzungen sind heutzutage ganz anders als zu meiner Zeit. Mir wurde durch das Auswärtige Amt die Ermächtigung zur Ausstellung von vorläufigen Reisepässen erteilt. Hierbei wurden natürlich

Mit meiner Frau Endang und meinen beiden Söhnen Robert (li.) und Michael (re.). Beide arbeiten in unserer Firma. Michael leitet die Geschäfte in Jakarta, Robert ist zudem mein Nachfolger als Honorarkonsul von Bali.

die üblichen Prüfverfahren wie Einblick in das aktuelle Fahndungsbuch usw. berücksichtigt. Das wurde mir irgendwann entzogen. Nach vielen Jahren wurde dieses Verfahren, auch für meinen Amtsbezirk, ausschließlich der Deutschen Botschaft Jakarta übertragen. Dieses neue Prozedere gilt auch für Schengen-Visa-Anträge. Das Konsulat bearbeitet im Jahr ca. 1.200 Schengen-Visa-Anträge. Das beinhaltet: Annahme und Überprüfung der Antragsformulare, Fingerabdrucknahme, Übersendung des kompletten Antrags mit Reisepass an die Botschaft Jakarta per Kurier. Gleichzeitig werden die dafür gesetzlich festgelegten Gebühren eingezogen und an die Botschaft Jakarta abgeführt. Nach erteiltem Visa oder Ablehnung wird der Reisepass dem Antragsteller bzw. der Antragstellerin wieder im Konsulat ausgehändigt. Dieses Verfahren bedeutet einen größeren Arbeitsaufwand. Wir zählen heute ca. 4.900 Besucher des Konsulats im Jahr. Das Konsulat erledigt also nur noch den formellen Schriftverkehr. Bei früheren Konsularfällen war das anders: Wenn ich das alleine abwickeln konnte, auch finanziell, dann habe ich Berichte erstellt. Die Entscheidungsmöglichkeiten, die ich noch hatte, wurden jedoch über die Jahre immer weiter reduziert. Heute werden nur noch die Weisungen der Botschaft vom Konsulat strikt ausgeführt.

Ich bin glücklich, dass ich zu einer anderen Zeit meinen Dienst als Konsul ableisten durfte. Aber, bitte nicht falsch verstehen, es ist eine Aufgabe, die man sich so anfangs nicht vorstellen konnte, sondern in die man erst reinwächst. Und wenn man richtig reingewachsen ist, dann möchte man diese Aufgabe auch nicht mehr missen. Deswegen bin ich so glücklich bzw. in der glücklichen Lage, nachdem ich aus Altersgründen um meine Pensionierung gebeten hatte, dass ich nicht von einem Tag zum anderen das Konsulat verlassen musste, sondern noch heute etwas von meinem Wissen und meiner Erfahrung wietergeben darf. Solange ich das Gefühl habe, dass ich

Unser Dreamteam – ohne meine Frau Endang hätte ich diesen langen Weg wohl nie geschafft. Wir haben uns bis heute immer perfekt ergänzt.

helfen kann, dass ich irgendetwas bewirken kann, bringt es mir Spaß. Früher konnte ich entscheiden, wenn Leute ankamen und sagten: „Wir haben absolut kein Geld, wir haben keine Unterkunft, wir haben nichts." Dann hat man eine billige Unterkunft besorgt. Man hat geholfen. Irgendwie habe ich mein

Geld zurückbekommen. Wird schon klappen. So haben wir das immer gemacht. Okay, man zahlt für dieses „Hobby" immer etwas drauf. Ich konnte die Arbeit als Honorarkonsul nur machen, weil meine Frau unser Geschäft tatkräftig und verantwortungsvoll mitgeführt hat. Und das kann sie sehr gut! Auch meine beiden Söhne Michael und Robert haben schon zum Ende meiner Amtszeit als Honorarkonsul in meinen Firmen tatkräftig und erfolgreich mitgearbeitet. So konnte ich meine Arbeit zwischen Firma und Konsulat gut organisieren, weil wir alle zusammen ein perfektes Teamwork bilden. Ansonsten wäre das niemals gegangen. Die Funktion als Honorarkonsul kann man nur ausüben, wenn man über ein solides Einkommen verfügt und zum Beispiel als Geschäftsmann anerkannt bist. Dann geht das. Ohne diese Voraussetzungen wird man nicht für eine solche Ehrenaufgabe berufen.

Ich habe meine Arbeit als Konsul über 27 Jahre lang gerne gemacht. 1986 wurde ich als jüngster deutscher Honorarkonsul auf Bali durch den Bundespräsidenten Richard von Weizsäcker ernannt und vom indonesischen Präsidenten Suharto bestätigt, kurz nachdem mein Sohn Jan mit dem Motorrad tödlich verunglückt war. Ich habe immer sehr gut mit der deutschen Botschaft zusammengearbeitet. Es war nicht immer einfach, man war auch schon mal unterschiedlicher Meinung, aber wir haben das immer wieder hingekriegt. Damals! Heute ist das anders. Heute trägt die ganze Verantwortung für Vieles die Botschaft in Jakarta. Als Konsul ist man Vermittler. Die Entscheidungsgewalt, die ich früher hatte, hat sich verändert. Die Botschaft entscheidet. Früher hat man mich angerufen und den Sachverhalt geschildert und letztendlich mich gefragt, welchen Vorschlag ich mache. Das geht heute nicht mehr. Heute ruft man die Botschaft an, schildert den Fall und fragt: „Was sollen wir machen?" Und die sagen dann: „So und so und so..." Das wird dann entsprechend ausgeführt. Um ehrlich zu sein: Für den Konsul ist das einfacher. Man trägt kaum noch Risiko.

Wir haben früher Fälle gehabt, wie in einem Fall mit einer Nervenkranken, wo ich das eigene Geld nie wiederbekommen habe. Bei Kranken war es eigentlich nie ein Problem, die Auslagen erstattet zu bekommen, weil sie ja eine Versicherung in Deutschland haben. Für die nervenkranke Frau war jedoch, wie sich später herausstellte, ein Vormund beauftragt, der deren Rente verplant hatte. Im Krankenhaus Sanglah war jedoch ein größerer Betrag entstanden. Diesen habe ich dann später selbst bezahlt, um in dem mir gut bekannten Krankenhaus keine Schulden zu hinterlassen. Das war mir sehr wichtig. Ich wollte die gute Beziehung zu dem Krankenhaus nicht unnötig belasten, denn auf meinen Namen hin musste ich bei von mir eingewiesenen Patienten keinerlei Deposit-Zahlungen leisten. Diese guten Beziehungen wollte ich auf keinen Fall aufs Spiel setzen wie auch nicht meinen guten Ruf unnötig gefährden. Also habe ich die Rechnung beglichen.

Anlässlich der Bezahlung meiner „Schulden" im Krankenhaus Sanglah erschien 2015 dieser Artikel in der lokalen Tageszeitung „Bali Post" von Denpasar.

Kapitel 6

Lob und Ehre

Es ist schön, wenn man für seine Tätigkeit irgendwann Lob und Anerkennung erhält. Noch schöner ist es, wenn diese Anerkennung völlig überraschend kommt und man nicht mit einer offiziellen Auszeichnung gerechnet hat. Ich bekam 1996 das Bundesverdienstkreuz am Bande überreicht. Wie aus dem Nichts, ohne Ankündigung und ohne jegliche Informationen vorab aus der deutschen Botschaft.

Die Verleihung des Bundesverdienstkreuzes hat eine sehr lange Tradition in Deutschland. Jeder kann die Verleihung des Verdienstordens an einen anderen formlos anregen. Doch es gibt bestimmte Richtlinien. Auf der offiziellen Website des Bundespräsidialamtes heißt es dazu:

„Es ist eine alte Tradition, verdiente Persönlichkeiten durch staatliche Auszeichnungen zu ehren. Am

7. September 1951 stiftete deshalb Bundespräsident Theodor Heuss den Verdienstorden der Bundesrepupublik Deutschland. Im Stiftungserlass hat Bundespräsident Heuss festgehalten, wie er den neuen Orden aufgefasst wissen wollte: „In dem Wunsche, verdienten Männern und Frauen des deutschen Volkes und des Auslandes Anerkennung und Dank sichtbar zum Ausdruck zu bringen, stifte ich am 2. Jahrestag der Bundesrepublik Deutschland den ‚Verdienstorden der Bundesrepublik Deutschland'. Er wird verliehen für Leistungen, die im Bereich der politischen, der wirtschaftlich-sozialen und der geistigen Arbeit dem Wiederaufbau des Vaterlandes dienten, und soll eine Auszeichnung all derer bedeuten, deren Wirken zum friedlichen Aufstieg der Bundesrepublik Deutschland beiträgt." Der Verdienstorden wird in acht Stufen verliehen. Er ist die einzige allgemeine Verdienstauszeichnung in Deutschland und damit die höchste Anerkennung, die die Bundesrepublik für Verdienste um das Gemeinwohl ausspricht. Eine finanzielle Zuwendung ist mit der Verleihung des Verdienstordens nicht verbunden. Mit seinen Ordensverleihungen möchte der Bundespräsident die Aufmerksamkeit der Öffentlichkeit auf hervorragende Leistungen lenken, denen er für unser Gemeinwesen besondere Bedeutung beimisst. Dabei sollen künftig noch häufiger Frauen ausgezeichnet und auch junge Menschen verstärkt berücksichtigt werden. Jeder kann die Verleihung des Verdienstordens an einen anderen anregen."

Ich war damals zehn Jahre als Honorarkonsul im Amt. Der deutsche Botschafter Dr. Heinrich Seemann rief mich an und sagte: „Herr Jantzen, Sie sind nun zehn Jahre Honorarkonsul und ich möchte das gerne ein wenig hervorheben und feiern und würde gerne zu einem großen Abendessen einladen." Er bat mich, meine Freunde und Bekannte zu dem Galadinner einzuladen. Ob ich eine Idee hätte, wo man das in einem angemessenen Rahmen veranstalten könnte. „Ja", sagte ich, „ich würde das Hyatt ganz in der Nähe unseres Konsulats in Sanur vorschlagen." Also wurde das Hotel Hyatt gebucht und der Botschafter hat die Einladungen zu meinem 10-jährigen Jubiläum als Honorarkonsul verschickt. Bei dem Galadinner standen das Botschafter-Ehepaar Seemann, meine Frau und ich am Eingang und wir begrüßten alle Gäste. Es war ein schönes Buffet angerichtet und es herrschte eine wunderbare Stimmung mit balinesischer Gamelan-Musik und balinesischen Tänzen. Fast alle meine Freunde, Bekannte und Konsul-Kollegen von Bali waren gekommen und freuten sich über den schönen Abend. Irgendwann ging der Botschafter zusammen mit seinem Vertreter, Herrn Dr. Lamle, ans Mikrofon und hielt er eine kurze Ansprache. Herr Dr. Lamle griff dann zu einer Schachtel und übergab sie dem Botschafter. Der Botschafter ergriff wieder das Wort und sprach den Satz, der mich völlig überwältigte: „Hiermit möchte ich Herrn Honorarkonsul Reinhold Jantzen das Bundesverdienstkreuz am Bande im Auftrag des Bundespräsidenten

Erste Ordensverleihung durch Botschafter Dr. Heinrich Seemann (re.) und Dr. Lamle (li.).

Roman Herzog verleihen." Das war für mich die ergreifendste Veranstaltung, wie auch für meine Familie. Weil das wie aus dem Nichts kam. Keiner hatte etwas geahnt. Bei dieser Überraschungs-Party zu meiner Bundesverdienstkreuz-Verleihung waren etwa hundert Gäste anwesend. Keiner wusste von dieser Verleihung, wie ich auch nicht. Nun nehmen Hamburger ja eigentlich keinen Orden an. Ich hatte mir das in dem Moment auch kurz überlegt, aber dann habe ich das Bundesverdienstkreuz doch mit

Der deutsche Botschafter Dr. Heinrich Seemann heftet mir das erste Bundesverdienstkreuz am Bande ans Revers.

großer Freude und Stolz angenommen. Das war ein tolles Gefühl. Vor allem, weil ich es zusammen mit meiner Familie erleben durfte. Meine beiden Söhne Robert und Michael und meine Frau Endang waren dabei und haben sich wahnsinnig mit mir zusammen gefreut. So war das mit dem ersten Orden. Es blieb nicht bei dem einen Bundesverdienstkreuz. Nach den fürchterlichen Ereignissen des Bombenattentates 2002 auf Bali, wo das deutsche Konsulat mit all seinen Mitarbeitern große Hilfeleistung erbrachte

2003 war ich nicht weniger überrascht, als mir der Botschafter Dr. Joachim Fulda das Bundesverdienstkreuz 1. Klasse überreichte.

und sich in erster Linie um die deutschen Opfer und Verletzten kümmerte, aber auch bei der Bergung der zahlreichen anderen Opfer half, wurde ich 2003 für ein zweites Bundesverdienstkreuz vorgeschlagen. Der damalige Bundespräsidenten Johannes Rau nominierte mich aufgrund meines Hilfseinsatzes für das Bundesverdienstkreuz 1. Klasse, im Englischen

VERLEIHUNGSURKUNDE

IN ANERKENNUNG DER UM VOLK UND STAAT ERWORBENEN

BESONDEREN VERDIENSTE

VERLEIHE ICH

HERRN REINHOLD JANTZEN

HONORARKONSUL DER BUNDESREPUBLIK DEUTSCHLAND
IN DENPASAR

DAS VERDIENSTKREUZ

AM BANDE

DES VERDIENSTORDENS DER BUNDESREPUBLIK DEUTSCHLAND

BERLIN, DEN 9. OKTOBER 1996

DER BUNDESPRÄSIDENT

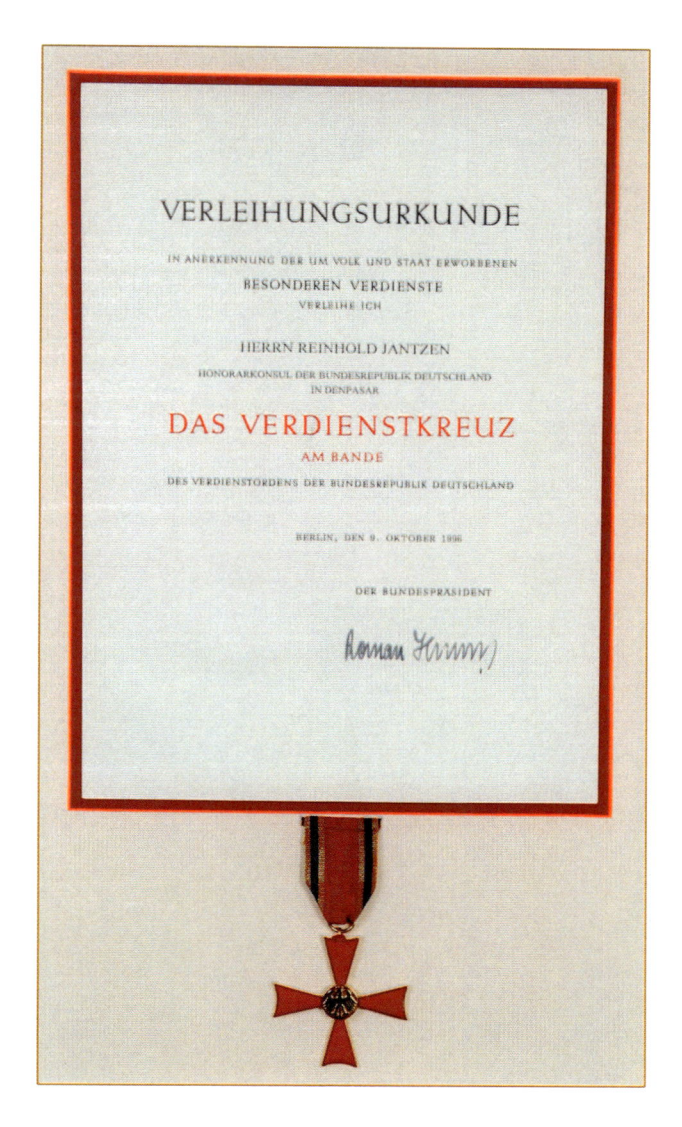

Die erste Ehre von 1996: das Bundesverdienstkreuz am Bande.

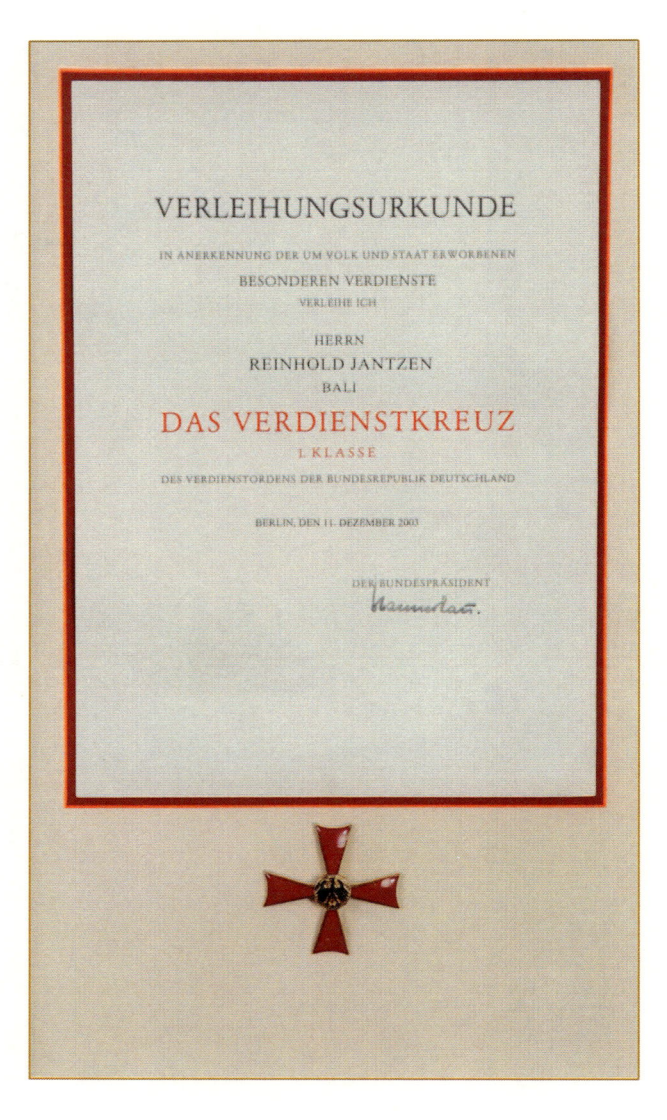

Die zweite Ehre folgte 2003: das Bundesverdienstkreuz 1. Klasse.

unter dem Titel *Commanders Cross of Merit First Class* bekannt. Diese zweite Verleihung haben wir auch gebührend im Kreise des konsularischen Corps, meiner Familie und meinen Freunden im Hotel Sheraton in Nusa Dua gefeiert. Da waren zu meiner großen Freude alle versammelt, mit denen ich das Glücksgefühl über diese hohe und besondere Auszeichnung teilen

Als der deutsche Botschafter Dr. Joachim Fulda mir 2003 das Bundesverdienstkreuz 1. Klasse ans Revers heftete, da gab es auch einen Beitrag im indonesischen Fernsehen über diese Verleihung.

konnte. Natürlich hatte die Arbeit als Honorarkonsul auch einige Vorteile für mein eigenes Business, dem würde ich nie widersprechen wollen. Ich war bei den indonesischen Behörden bekannt und kannte die Gouverneure persönlich gut. Das Amt bringt also schon Vorteile fürs private Geschäft, aber es beinhaltet auch sehr viel Arbeit und es ist auch recht zeitaufwendig.

Dr. Jürgen Schreiber ist seit 2006 der Honorarkonsul der Slowakischen Republik auf Bali. Er kennt die Aufgaben und Pflichten wie auch die Sorgen und Freuden des politischen Amtes und kann diese mit seinem deutschen Kollegen teilen: „Wir sind beide seit etwa 40 Jahren in Indonesien. Anfang war Bali nur eine Ferieninsel für mich. Im Jahr 2006 lernte ich Reinhold als Kollegen kennen und wurde Mitglied in seinem Stammtisch im ‚Mama's German Restaurant'. Dort sind wir uns nähergekommen und daraus wurde eine echte Freundschaft. Reinhold hat seine Geschäftsideen immer sehr überlegt verwirklicht. Er hat alles durchdacht und immer neue Ideen reingebracht. Er ist ein sehr aktiver Mann und Unternehmer. Man achtet schon darauf, welche Vorteile das Engagement als Honorarkonsul auch fürs eigene Geschäft mit sich bringt. Die Beziehungen werden sehr wichtig und man sollte diese auch pflegen. Man darf nie vergessen, dass wir diese Arbeit unentgeltlich machen und nur unsere Kosten und Spesen ersetzt bekommen. Reinhold zeichnet einen starken Charakter aus. Und ich bin fest überzeugt, dass dieser Charakter es ihm ermöglicht hat, seine Firmen aufzubauen. In Indonesien musste er oft mit dem Neid und den Intrigen anderer Leute und Konkurrenten fertig werden, aber er hat es geschafft, was ich als eine tolle Leistung ansehe."

Die Verleihung des Bundesverdienstkreuzes ist eine ganz große Ehre, die nicht jeder bekommt. Wer geehrt wird, der hat etwas Besonderes geleistet. Seit 1951 haben das schon sehr viele Menschen vollbracht, aus Deutschland und aus dem Ausland. Und es kommen immer wieder neue Ehrenträger hinzu. Aber dass einer, der bereits einen Orden bekommen hat, noch ein zweites Mal das Bundesverdienstkreuz entgegennehmen darf, das ist schon sehr selten. Davon gibt es in der Geschichte der Bundesrepublik Deutschland nicht allzu viele Kandidaten. Worüber ich mich natürlich heute immer noch sehr freue.

Einige zusätzliche Fakten und Informationen zu der geschichtlichen Entwicklung und Bedeutung des einzigen Verdienstordens der Bundesrepublik Deutschland, Kurzbezeichnung Bundesverdienstkreuz: Seit der Stiftung 1951 durch Bundespräsident Theodor Heuss wurde der Verdienstorden 257.000 Mal an Männer und Frauen verliehen (Stand: 31.12.2017). Das allererste Bundesverdienstkreuz am Bande wurde am 19. September 1951 von Theodor Heuss an Franz Brandl, einem Bergmann aus Hessen, verliehen. Franz Brandl hatte unter größter eigener Lebensgefahr bei einem

Wassereinbruch im Kupferbergwerk Sontra in einem Stollen unter Erde zwei Kollegen das Leben gerettet. Das war eine mutige Tat, die Anerkennung verdiente. Nicht jeder vorgeschlagene Kandidat hat in den vergangenen Jahrzehnten die Ehre angenommen. So lehnte der Altbundeskanzler Helmut Schmidt 1968 die Auszeichnung entsprechend der hanseatischen Zurückhaltung als ehemaliger Hamburger Senator ab, wie auch die beliebte Volksschauspielerin Heidi Kabel. Etwa 1.000 Ausländer wurden seit 1951 mit dem Bundesverdienstkreuz ausgezeichnet. Zu den internationalen Ehrenträgern gehört u. a. der amerikanische Filmproduzent und Regisseur Steven Spielberg, der 1998 das Bundesverdienstkreuz für seinen international erfolgreichen Kinofilm „Schindlers Liste" von Bundespräsident Roman Herzog feierlich überreicht bekam. [Willi Andresen]

Nach der zweiten Ordensverleihung, die auch in der deutschen Presse und im Fernsehen erwähnt wurde, erhielt ich eines Abends völlig überraschend einen Telefonanruf aus Deutschland. „Spreche ich mit Reinhold Jantzen?" "Ja." „Reinhold Jantzen aus Hamburg?" „Ja." „Reinhold Jantzen vom Bahrenfelder Steindamm?" „Ja." „Mein Name ist Theo Herzog. Ich war Dein erster Angestellter." „Wieso?" „Ich habe immer Deine Hausaufgaben für Dich gemacht.

Du hast aber immer gut bezahlt. Ha ha ha!" Theo Herzog war ein ehemaliger Klassenkamerad von mir. Über diesen verspäteten Anruf freue ich mich immer noch und habe die Geschichte schon tausend Mal meinen Freunden erzählt.

Ich erinnere mich aber gerne an eine andere Geschichte, wo ich auch eine kleine Auszeichnung erhalten habe – wenn auch nicht von der deutschen Botschaft. Der Botschafter Dr. Heinrich Seemann wurde eingeladen auf eine Feier und Ausstellungseröffnung zu Ehren des deutschen Musikers und Malers Walter Spies in das ARMA-Museum in Gianyar auf Bali. Walter Spies war ein 1895 in Moskau geborener Künstler, der vor allem durch sein Leben und seine Arbeiten auf Bali bekannt wurde. Er starb im Januar 1942 bei einem japanischen Angriff auf das niederländische Frachtschiff „Van Imhoff", welches Spies und 411 internierte Deutsche von Sumatra nach Ceylon bringen sollte. Es gab also diese Feier zu Ehren von Walter Spies auf Bali. Und da meinte der Botschafter Dr. Seemann zu mir: „Herr Jantzen, kommen Sie mit, wir gehen zusammen dort hin. Das muss man machen, von wegen der Publicity und so weiter." Also sind wir zusammen zur Ausstellungseröffnung ins Museum gefahren. Der Botschafter hatte natürlich eine offizielle Aufgabe – er sollte die Ausstellung mit einer Rede eröffnen. Ich muss rückblickend sagen, dass er eine wirklich fantastische Rede gehalten hat. Botschafter Seemann war bestens präpariert und kannte sich perfekt in der Lebensgeschichte und in dem Werk von Walter Spieß aus. Er wusste einfach alles und war genauestes informiert. Das hat mich echt erstaunt und ich habe mich im Stillen gefragt: „Wie kann ein Mensch so souverän diese ganzen Daten aus sich heraussprudeln lassen?" Das war sehr schön und beeindruckend. Dazu gab es eine schöne Feier in dem Museum, wo natürlich einige Bilder von Walter Spies ausgehängt waren.

Es verging viele Jahre, da bekam ich eine Einladung vom Bupati von Gianyar. Ein Bupati ist ein Bürgermeister auf Bali, der mich also zur Verleihung einer Urkunde an Walter Spies einlud. Quasi als Stellvertreter und offizieller Abgesandter Deutschlands, da Walter Spies ja mittlerweile lange tot war. Die Botschaft gab mir den Auftrag, die Urkunde im Namen von Walter Spies entgegenzunehmen. Okay, warum nicht. Vorsichtshalber habe ich noch mal den Botschafter angerufen, weil ich mich erinnerte, dass er ein großer Walter-Spies-Fan war. Und da meinte Herr Dr. Seemann: „Herr Jantzen, das würde ich ja gerne machen. Wann ist das?" Ich habe ihm mitgeteilt, dass die Veranstaltung dann und dann sei. „Nee, tut mir leid", meinte er, „da kann ich nicht. Komm ich nicht weg. Okay, dann müssen Sie das machen." Also bin ich dort hingefahren und bekam die Urkunde feierlich ausgehändigt. Der Botschafter hatte im Vorfeld noch erwähnt, dass er die Urkunde gerne in die deutsche Botschaft in Jakarta hängen möchte. Dort gäbe es ein besonderes Zimmer, wo sie solche Sachen ausstellen würden. Wenn

Der Bürgermeister von Gianyar (Mitte) überreicht mir (li.) die Urkunde im Namen von Walter Spies, der leider schon verstorben war.

dem so ist, dann ist das halt so. Ich bekam also die Urkunde ausgehändigt und habe den Text kurz überflogen. Und da ging bei mir das Herz auf und ich habe im Stillen gedacht: „Reinhold, das ist ja fantastisch!" Da war ein kleiner Text zu Walter Spies auf der Urkunde und der endete mit einer Adresse: Jalan Pantai Karang 17. Mein Gott, das war ja meine An-

*Eine besondere Urkunde mit einer speziellen Adresse.
Sehr gerne habe ich diese entgegengenommen und
ins Konsulat in Sanur gehängt.*

schrift in Sanur. Ich habe natürlich nichts gesagt. Einen Teufel werde ich. Die Urkunde wurde wunderschön eingepackt und ich bekam zusätzlich noch eine kleine Anstecknadel überreicht. Das war's… Eines Tages kam der Botschafter zu uns ins Konsulat nach Sanur und meinte irgendwann zu mir: „Herr Jantzen, ich erinnere mich, wie war das denn mit der Ausstellung und der Überreichung der Urkunde für Walter Spies?" Ich hatte das erwartet und antwortete ihm: „Ja, natürlich Herr Botschafter, ich habe die Urkunde hier. Einen Moment…" Und dann habe ich die Urkunde geholt, die inzwischen schön eingerahmt war, und habe sie ihm übergeben. Er hat den Text überflogen, bis er leicht stockte und sichtlich geschockt war. Aber GESCHOCKT großgeschrieben. Und dann meinte er zu mir: „Ich glaube, Herr Jantzen, die lass' ich lieber hier." Worauf ich antwortete: „Herr Botschafter, ich mache Ihnen einen Vorschlag. Ich hänge die Urkunde bei uns hier im Konsulat aus." „Ja", meinte er nur kurz, „machen Sie das. Gute Idee."

Es gibt noch eine weitere schöne Geschichte, in der der Botschafter auch leer ausging. Es geht um den damals letzten noch lebenden deutschen Kriegsberichterstatter Hilmar Pabel. Ein sehr bekannter Fotograf, der im Zweiten Weltkrieg auch als Korrespondent und nach Kriegsende als Mitinitiator der Kindersuchaktion des Roten Kreuz tätig war. Hilmar

Pabel stammte aus der Provinz Posen und starb im November 2000 im Alter von 90 Jahren. Er hat für den „Stern" und „Quick", aber auch für „Paris Match" und „Time" fotografiert. Für ihn haben wir einmal eine Ausstellung im Nusa Dua Beach Hotel organisiert. Damals hatte er mir vorher ein kleines Foto von Mutter Teresa gezeigt, das er aber von hinten aufgenommen hatte. Man sieht nicht ihr Gesicht und sie hält ein kleines Kind auf dem Arm. Der braune Arm legt sich um ihre Schulter. Das Foto hat mich total fasziniert. Ich fand es einfach toll, weil es sehr ergreifend wirkt, obwohl es nur in Postkartengröße war. Das Foto gehörte zu der Ausstellung. Als ich es noch einmal intensiver betrachtete, da entstand der sehnliche Wunsch, dieses Foto zu besitzen. Das möchte ich gerne haben. Und dann hat Hilmar Pabel mir das Foto mit persönlicher Widmung überreicht. Das Besondere an Hilmar Pabel war: Er hat nicht nur ein Foto von einem Motiv gemacht, sondern oftmals immer mindestens zwei Fotos – eines vorher und eines nachher. Zum Beispiel hat er einmal eine arme Frau aus den Slums von Indien fotografiert. Er hat dieser Frau sogar noch einen Job vermittelt. Nach einigen Jahren ist er zurückgekehrt und hat die Frau besucht und wieder ein neues Foto von ihr gemacht. Diese beiden Fotos hat er gegenübergestellt, um die Entwicklung dieses Menschen zu dokumentieren. Das fand ich unheimlich toll. Der deutsche Botschafter war natürlich auch auf der Ausstellung anwesend und erblickte bei seinem Rundgang das spezielle Foto von Mutter Teresa, das im Groß-

Dieses Foto, das Hilmar Pabel von Mutter Teresa hat mich sofort fasziniert. Ich bin sehr stolz auf dieses von Hilmar Pabel persönlich signierte Foto.

format ausgestellt war. Das Foto würde er gerne haben, meinte er gegenüber dem Fotografen am Ende des Rundgangs. Worauf Hilmar Pabel ihm antwortete: „Das tut mir sehr leid. Das Foto bekommt schon Herr Konsul Jantzen." *[Reinhold lacht bei dieser Erinnerung herzhaft]*. Das Foto hängt seither signiert bei uns im Konsulat in Sanur. Der Fotograf hat mir übrigens noch zwei weitere, sehr schöne Porträts vermacht: eines von Konrad Adenauer und eines von Ludwig Erhard.

Kapitel 7

Mein Start ins Leben

Ja, wie wird man eigentlich Honorarkonsul? Und warum? Und das auch noch auf Bali? Wie bin ich dort hingekommen? Und warum bin ich gerade auf dieser Insel gestrandet? Da spielen viele Zufälle und ein starker Wille eine ganz große Rolle. Rückblickend war es eine sehr lange und sehr schöne Reise von meiner Heimat, der wundervollen Freien und Hansestadt Hamburg, bis auf diese traumhafte kleine indonesische Sunda-Insel im Indischen Ozean namens Bali.

Doch beginnen wir diese Reise an ihrem eigentlichen Ursprung, dort wo ich am 31. März 1940 geboren wurde, in Hamburg-Altona. Das war mitten im Zweiten Weltkrieg. Ich komme aus einer richtigen Kaufmannsfamilie, wo Kaufmann an erster Stelle stand und die Familie immer hintenanstehen musste. Mein Vater Ernst Karl-Friedrich Jantzen war Gemüsegroß- und Einzelhändler und in diesem Metier ziemlich erfolgreich. Er hat ganz klein angefangen und sich hochgearbeitet. Das Geschäft bestand hauptsächlich aus Ladengeschäft und Großkantinenbelieferung, welches er auch für Altersheime, die Bundeswehr und für Krankenhauskantinen organi-

Meine Mutter und mein Vater in einem der wenigen Momente der Ruhe und Entspannung im eigenen Garten. Ansonsten wurde immer nur gearbeitet.

sierte. Er führte auch ein gutes Einzelhandelsgeschäft. Aber wie gesagt, er hatte alles von ganz klein mit meiner Mutter zusammen aufgebaut. Mein Vater liebte Rosen wie auch meine Mutter. Und sie hatten auch viele Obstbäume auf einem sehr einem schönen

Grundstück in Hamburg-Rissen mit einem Karpfenteich. Die beiden hätten sich in meinem jetzigen Anwesen in Bedugul oben in den Bergen von Bali sehr wohlgefühlt. Wenn ich zu Zeiten, als beide noch lebten, in derselben finanziellen Situation gewesen wäre wie heute, dann hätte ich meine Eltern ganz gewiss zu uns nach Bali geholt.

Ich hatte eine größere Schwester, die 2017 verstorben ist, und einen älteren Bruder. Mein zwölf Jahre älterer Bruder war der Kronprinz. Meine Eltern haben sich mir gegenüber immer sehr wohlwollend verhalten, als Kind wie auch als Lehrling. Ich brauch-

> *Ich habe nie etwas umsonst gekriegt. Das finde ich heute noch gut.*

te nie Geld abgeben. Im Gegenteil, immer wenn ich kam und etwas Geld brauchte, dann ich habe immer Geld bekommen. Aber mein Vater hat mir das nie umsonst gegeben. Wenn ich ihn zum Beispiel fragte: „Papa, ich will ins Kino mit einer Freundin, dafür brauche fünf Mark." Dann sagte er: „Ja, kannst du kriegen, aber dafür musst du zum Beispiel bei fünf Zwiebelsäcken noch die lose Pelle abmachen." Da war immer irgendwas zu tun, ich habe nie etwas umsonst gekriegt. Das finde ich heute noch sehr gut. Auch wenn ich damals sehr sauer auf ihn war, denke ich rückblickend sehr positiv darüber nach. Nach der Grundschule in Hamburg-Altona bin ich auf die Höhere Handelsschule Rackow gegangen. Dann habe ich Einzelhandelskaufmann gelernt und war zehn Jahre selbstständiger Kaufmann im Fischhandel.

    Mit meinem Bruder hatte ich nie ein gutes Verhältnis. Er hat mich sehr oft verprügelt. Und er wurde immer bevorzugt, weil er zwölf Jahre älter war und folglich der Nachfolger meines Vaters im Geschäft werden sollte. Ich war nur der Nachkömmling, aber ich war der Liebling meiner Mutter, was oft für Ärger und Missgunst bei meinen Geschwistern sorgte. Mein Bruder hat mir immer Schwierigkeiten gemacht, so lange wie ich denken kann. Auch später, als mein eigenes Geschäft florierte und ich zunehmend Geld verdient habe, da war er sehr neidisch. Er war ja immer nur der Angestellte bei meinem Vater. Ich hatte mit dem Geschäft meines Vaters nichts zu tun, obwohl die beiden Geschäfte Tür an Tür lagen, da das Haus meinem Vater gehörte. Ein Vier-Etagenhaus in Hamburg-Altona, beide Geschäfte befanden sich in der unteren Etage. Eines war groß ausgebaut und dort war der Gemüseladen meines Vaters drinnen. Daneben gab es eine zweite Räumlichkeit, etwa so groß wie ein Zimmer. Und da befand sich ein Fischladen. Ein sehr kleiner Fischladen. Es wurde in meiner Jugend nie darüber geredet, was ich dann später einmal beruflich machen würde oder machen sollte. Irgendwie bin ich dann Fischhändler geworden. Das hat sich so ergeben. Aber mein Geschäft wollte ich natürlich nicht in dem kleinen Laden ausüben. Damals gab es den sogenannten Fischförderungsdienst in Bremerhaven. Die haben Kredite bzw. Kreditvergünstigungen vermittelt. Ich habe also Pläne ausgearbeitet, wie ich meinen Laden größer machen konnte, und habe einen Kredit bei der Altonaer Volksbank beantragt. Ich bekam eine Kreditvergünstigung in Form eines Zuschusses bewilligt. Der wurde auf meinen Namen ausgestellt und für den Umbau im Hause meines Vaters genehmigt. Wir haben groß umgebaut und einen sehr schönen Laden daraus gemacht.

Ich war zwanzig Jahre alt, als ich mein erstes eigenes Geschäft eröffnet habe. „Jantzen Fisch" hieß der Laden. Ich bin mit fünf Angestellten angefangen und habe Stück für Stück vergrößert. Geld habe ich zunächst im Ladenverkauf verdient. So kam jeden Tag Cash-Geld rein, also Bargeld. Mit unserem Großhandel haben wir später Firmen wie Karstadt und große Kantinen, darunter auch Rathaus-Kantinen, mit küchenfertiger Ware beliefert. Das haben andere Firmen zu der damaligen Zeit noch nicht gemacht. Mein Geschäft lief immer besser und ich fuhr einen Mercedes-Benz 280. Mit meinem Bruder teilte ich mir

Mein Vater Ernst Karl-Friedrich Jantzen in seinem Element. Er liebte die Gartenarbeit. Auch wenn er stundenlang im Geschäft schuftete und rackerte, so nahm er sich immer wieder viel Zeit für unseren Garten. Auf diesem Foto ist er 90 Jahre alt.

eine eigene Jagd in Sassenholz. Zudem war ich Alleinvertreter für eine große Fischerei-Genossenschaft. Das war ein gutes Geschäft, aber immer mit sehr viel Arbeit verbunden. Für meinen Vater war mein neues Geschäft auch ein guter Verdienst. Vorher hatte er für den kleinen Laden 150 Mark Miete verlangt. Jetzt war dort ein großer Laden. Das blieb nicht ohne Folgen. Eines Tages kam mein Vater zu mir und sagte: „Du, jetzt ist der Laden so viel größer geworden. Das ist ja ein ganz anderes Geschäft. Da kannst du jetzt 500 Mark bezahlen." Und dann hat er mich sofort hochgesetzt auf 500 Mark Miete. Ehrlich! Das war ganz schön happig, denn ich musste ja auch noch den Kredit bei der Bank zurückzahlen. Doch ich hatte Glück. Und meine Mutter. Sie hat mir so manches Mal geholfen, meinen Vater zu bezahlen. Meine Mutter war immer äußerst großzügig mir gegenüber.

Mein Vater und meine Mutter haben zusammen im Geschäft gearbeitet, wie meine Frau Endang und ich das ja auch machen. Mein Vater war das Arbeitstier. Er fuhr morgens um vier oder fünf Uhr zum Markt und kaufte ein. Zweimal wurde die Ware mit dem Lastwagen angefahren. Er hat wirklich geackert. Aber er konnte auch wirklich arbeiten. Mein Vater war ein großer kräftiger Kerl. Er wog 150 Kilo in seinen guten Zeiten. Meine Mutter war ein bisschen pummelig und klein. Aber meine Mutter hat immer auf das Geld geachtet, wie das heute auch bei meiner Frau Endang der Fall ist. Sie hilft mir sehr, unser Geld zusammenzuhalten. Da zeichnet sich so ein bisschen ein Ebenbild ab. Ich ertappe mich auch immer wieder dabei, je älter ich werde, dass ich immer mehr wie mein Vater werde. Was ich früher mit

Mein Vater war immer nur Geschäft. Bei uns drehte sich alles nur ums Geschäft.

Sicherheit nicht wollte. Wie gesagt, für meinen Vater zählte früher nur das Geschäft. Mit der Familie war alles schön, alles gut, aber es war eben „nur" die Familie. Geschäft war Geschäft. Das stand stets über allem. Mein Vater hat sich auch nicht um die Streitigkeiten mit meinem Bruder gekümmert. Mein Vater war immer nur Geschäft. Bei uns drehte sich alles nur ums Geschäft. Ich kann mich nicht erinnern, dass mein Vater mich mal in den Arm genommen hat oder mal gedrückt hat. Da kann ich mich wirklich nicht dran erinnern. Wenn mein Vater mal ganz gut gelaunt war, dann nahm er seine Faust und schubste mich ein bisschen auf die Schulter. „Seuten Jung!", meinte er dann ganz stolz. So war das bei uns. Ich bin ganz sicher, dass mein Vater uns Geschwister liebte.

Er war ein anderer Typ Mensch. Er konnte seine Gefühle nicht zeigen. Er war wirklich sehr norddeutsch.

Oft musste ich sonntags mit meinem Vater auf den St.-Pauli-Fischmarkt. Aber nur, um die Obst- und Gemüsepreise anzuschauen. Wir haben die Preise von den Markthändlern verglichen, was die Waren auf dem Markt kosteten und was er in seinem Laden dafür in der kommenden Woche verlangen konnte. Als wir wieder zuhause waren, musste ich die Äpfel und so weiter polieren. Schon damals wurde alles picobello im Laden ausgelegt. Im Herbst fuhr mein Vater regelmäßig zum Kartoffelaufkaufen aufs Land. Die Kartoffeln hat er dort lastwagenweise wegholen lassen. Kartoffelkaufen war für ihn eine ganz wichtige Sache. Vor der Abfahrt hat er ganz präzise kalkuliert. Wie lange fahren wir dort hin? Zwei Stunden? Dann hat er überlegt: Die Bauern sitzen zum Beispiel um halb eins zum Mittagessen am Tisch. Dann müssen wir um halb elf losfahren. Und so kam er ganz zufällig zur Essenszeit auf dem Hof an. Das hört sich vielleicht komisch an, aber das war 1946 kurz nach dem Krieg. Ich war gerade sechs Jahre alt. Und es gab nicht immer etwas zu essen. Als wir ankamen, da saßen die Leute bereits am Tisch beim Essen. Einer meinte dann auf Plattdeutsch: „Ernst, kumm' rinn, kannst mit uns eeten." Also haben wir uns an den Tisch gesetzt und erst mal gegessen. Nun kommt aber das Gemeine an der Geschichte. Mein Vater fraß wie ein Scheunendrescher und ich, nun ja, ich habe damals nie viel gegessen, wenn ich ehrlich bin. Ich mochte nicht oder was auch immer. Wenn wir alles erledigt hatten und mit dem Auto vom Hof fuhren, dann hielt mein Vater plötzlich irgendwo an und hat mich verprügelt und mich angeschrien: „Du bist zu faul zum Essen! Ja, bist du zu faul zum Essen oder was ist mit dir los? Willst du mich ärgern?" So berechnend war mein Vater. Bei meinem Vater saß die Hand locker. Er hat mich oft geschlagen. Aber wer mich öfter geschlagen hat das war mein Bruder.

Kürzlich im Jahr 2018 verfolgte ich einen Nachkriegsbericht im TV-Programm der Deutschen Welle. Eine Zeitzeugin schilderte ihre Erlebnisse im Jahr 1946. Unter anderem erzählte sie, dass der Winter 1946 sehr kalt war und dass eine große Hungersnot in Hamburg herrschte. Viele Einwohner erfroren und/oder verhungerten. Mir schoss sofort die Geschichte mit meinem Vater vom Kartoffelkaufen im Jahr 1946 durch den Kopf, die ich ihm all die Jahre nicht verzeihen konnte. Ich war total geschockt und musste aus dem Zimmer gehen, um mich zu beruhigen. War das die Erklärung für das aggressive Verhalten meines Vaters? Ich habe dann zu Gott gebetet und meinen Vater um Vergebung für mein jahrzehntelanges Nachtragen gebeten, da ich damals noch zu klein war, um die wahren Zusammenhänge zu begreifen. Dabei muss ich zugeben, dass ich als Junge auch nicht gerade einfach war. Da bin ich ganz ehrlich. Ich habe zum Beispiel vom ersten Tag bis zum letzten Tag die Schule gehasst. Gegenüber von unserem Gemüsegeschäft gab es einen anderen Gemüseladen. Petersen hieß der. Und die hatten einen Sohn namens Bernie. Bernie ging mit mir in dieselbe Klasse. Ich hatte mal wieder keine Lust zur Schule und ging stattdessen morgens in die Rentnervorstellung in ein kleines Kino, das hieß Filmeck. Ein Freund hatte sich von seiner Mutter die Kriegerwitwenkarte besorgt und damit konnte man verbilligt vormittags ins Kino gehen. 50 Pfennig oder so kostete die Karte. Also sind wir ins Kino gegangen und haben uns eine schöne Zeit gemacht. Ich war aber so clever, dass ich immer pünktlich nach Hause gekommen bin, also kurz nach Schulschluss. Ich habe mich sogar noch über die vielen Schularbeiten beschwert und habe mich auch hingesetzt und Schularbeiten gemacht. Die habe ich einfach von anderen Seiten abgeschrieben und alles war wunderbar.

Eines Tages saß ich nach der Schule bei meiner Mutter in der Küche. Sie hatte für die Angestellten gekocht und alle waren beim Essen, als es an der Tür klingelte. „Reinhold, geh' mal an die Tür", sagte meine Mutter. Ich ging an die Tür und wer stand da? Bernie. Ich flüsterte ihm noch zu: „Hau ab, was willst du hier!?" Aber meine Mutter kriegte das mit und machte die Küchentür auf. „Oh Bernie, komm' rein, komm' doch rein", meinte sie. Bernie kam in die Küche und meine Mutter fragte ihn: „Was bringt dich hierher?" Bernie zögerte etwas: „Ja, unser Lehrer Herr Tietze hat mich gebeten, ich soll mal nachfragen, wie es Reinhold geht". Worauf meine Mutter antwortete: „Reinhold, dem geht's gut". „Nöö, der ist doch schon vierzehn Tage krank", meinte Bernie. Darauf meine Mutter: „Was, krank!? Reinhold ist gerade aus der Schule gekommen!" Worauf Bernie meinte: „Ja, aber nicht aus unserer Schule." Also, da

> *„Welchen hast du dir ausgesucht? Oh, den hätte ich nicht gewählt."*

war was los. Meine Mutter, raus aus der Küche und mit mir runter zu einem Fahrer, Köppen hieß der, und dann sind wir mit so einem alten Ford Eifel auf direktem Weg zur Schule gefahren. Dort angekommen hieß es im Kurztext: „Reinhold... vierzehn Tage nicht zur Schule gekommen... aber er hat immer seine Schularbeiten gemacht..." *[Hier muss Reinhold bei der Erzählung natürlich herzhaft lachen.]* Das hatte alles bis zu Bernies Besuch ganz gut geklappt. Wenn ich keine Schularbeiten gemacht hätte, wäre meine Mutter ja dahintergekommen. Deshalb habe ich immer kräftig geschimpft über die vielen Schularbeiten und so ein Mist und so. Nun gut, ich musste zum Rektor ins Zimmer und dort hatte er einen kleinen Schrank stehen. Als er die Tür aufmachte, standen dort diverse Reetstöcke in Reih und Glied. Damals gab es auch noch Bambusstöcke zum Verprügeln. Und dann sagte der Rektor zu mir: „Reinhold, ich will dich nicht drängen. Du hast Zeit, such' dir einen aus." Und ich Trottel dachte mir, such' dir einfach den dünnsten aus. Der Rektor meinte darauf: „Welchen hast du dir ausgesucht? Oh, den hätte ich nicht gewählt." Und dann hat er mich verprügelt. Ich bekam nach dieser Abreibung ein Heft überreicht und musste dort immer eintragen, was an Schularbeiten zu erledigen war. Das hat der Lehrer unterschrieben und meine Mutter musste immer gegenzeichnen, dass ich die Schularbeiten gemacht hatte. Das lief eine ganze Zeit lang so.

Meine Schulzeit war ein bisschen komisch, wenn ich das so salopp sagen darf. Nach Beendigung der Hauptschule habe ich zwei Jahre lang die private Höhere Handelsschule Rackow besucht. Die Schule befand sich in den Colonnaden in der Hamburger Innenstadt. Dort waren überwiegend die Söhne und Töchter der hanseatischen Geschäftsleute vertreten. Meine Noten waren nicht ganz so schlecht und ich habe mich gerade so durchschlawinert. Wenn ich heute zurückblicke, dann habe ich dennoch in der Schule eine recht schöne Zeit verlebt und kann heute noch auf viele gute Erinnerungen zurückblicken.

Kapitel 8

Das Tor zur Welt

Wie ich schon erwähnt habe, bei uns im Elternhaus drehte sich alles ums Geschäft und es wurde fast nur gearbeitet. So war immer Geld da, jedenfalls habe ich als Kind und Jugendlicher immer Geld von meinen Eltern bekommen, wenn ich es brauchte. Und da muss ich sagen, Gott sei Dank hatte ich zu Anfang als kleiner Unternehmer mit meinem Fischladen auch genügend Geld und habe stets gut verdient. Dafür habe ich aber auch zusammen mit meiner damaligen Frau Petra schwer gearbeitet. Ich bin tagsüber morgens früh um sechs Uhr auf den Hamburger Fischmarkt zum Einkaufen auf der Auktion und bei den Großhändlern gefahren. Eines Tages saß ich nach dem Einkauf in der „Kaffeeklappe" mit meinem früheren großen Boss von der Nordsee AG, Herrn Ruge, am Kaffeetisch zusammen, und er erzählte mir von der großen Welt. „Reinhold, es wird hier in Hamburg immer schlechter mit dem Fischmarkt", sagte er irgendwann. Woraufhin ich ihn neugierig fragte, was er damit meinte und wieso das so sei. „Die Fangschiffe kommen bald nicht mehr die Elbe rauf bis nach Hamburg", sagte er. „Die Schiffe laufen dann nur noch Cuxhaven oder Kiel an. Wir von der Deutschen Fischerei Nordsee AG haben dort unsere Niederlassungen. Und wir bringen dann größtenteils die Ware per Lastwagen nach Hamburg. Das wirkt sich auf unsere langjährige Handelsstrategie aus. Die Ware wird einfach teurer."

Diese Entwicklung sollte später auch Auswirkungen auf meinen kleinen Betrieb haben. Ich wollte mit meinem eigenen Betrieb wachsen, ich wollte größer werden und ich wollte mehr machen. Doch plötzlich merkte ich, dass ich an Grenzen stoße. Eines Tages saß ich mit Fritz Petermann zusammen, der für den Hamburger Fischereiverband tätig war, und ich fragte ihn: „Mensch Fritz, was soll ich machen?" Er hatte nicht sofort eine Antwort parat, erst einige Wochen später sprach er mich nochmals auf das Thema an und meinte: „Warum wirst du nicht mein Nachfolger als beeidigter Sachverständiger der Handelskammer Hamburg? Dafür brauchst du aber eine Ausbildung." Daraufhin habe ich mir einige ernsthafte Gedanken gemacht. Wie sollte das gehen? Ich konnte doch nicht einfach mein Geschäft im Stich lassen. „Nee", meinte er, „das brauchst du ja auch nicht. Du kommst einfach zu mir, wenn du Zeit hast." Okay, ich bin dann öfters abends nach Feierabend zu ihm hingefahren oder wenn ich zu anderen Tageszeiten aus dem Geschäft raus konnte. Der Mann hatte unheimlich viele Beziehungen. Gott und die Welt kannte Fritz Petermann. Das imponierte mir. Er hat mir Vorträge gehalten über die modernsten Gefriertechniken und die weitere industrielle Fischverarbeitung, so zum Beispiel über die Konservenherstellung. Er hat mich theoretisch geschult und mich dann auf ein Praktikum geschickt. Da musste ich zum Beispiel in einer Konservenfabrik in Bahrenfeld arbeiten. Die hatten lange sogenannte Bratstraßen für Bratheringe wie auch Produktionsbänder für die Herstellung von Heringsfilets in verschiedenen Tunken. Der Betriebsleiter hieß Hermann Gruzka. Die Ware musste immer frisch und sauber sein, dann wurden die Konserven später sterilisiert. Ich musste zwangsläufig dieses Praktikum machen, um in das Metier reinzuwachsen. Theoretisch konnte und kannte ich ja schon viel. Ich wurde jedoch nicht Nachfolger von Fritz Petermann, da ich ein interessantes Angebot aus Persien bekam. Und da hatte Fritz Petermann wohl auch seine Hände im Spiel. Er hatte in der Handelskammer von mir erzählt und so wurde die Firma Eurania auf mich aufmerksam. Die hatten sich sicherheitshalber überlegt, dass es besser wäre, wenn sie gleich an mich herantreten würden, bevor eine andere Firma mir ein Angebot unterbreiten würden. Eigentlich wollte ich nicht aus Hamburg weg. Es lief ganz gut für mich. Ich hatte schon mit einundzwanzig Jahren mein eigenes Geschäft und ich hatte eine Frau und Familie. Petra arbeitete

Dazu hatte ich ein anderes Problem: Ich hatte Angst vorm Fliegen.

in unserem Fischgeschäft mit. Das Angebot, nach Persien zu gehen, reizte mich dennoch sehr. Damit öffnete sich für mich quasi das Tor zur Welt. Hamburg war und ist noch heute das Tor zur Welt. Obwohl ich schon Angst hatte, mein geliebtes Hamburg und mein sicheres Umfeld zu verlassen und in die Fremde zu gehen. Dazu hatte ich ein anderes Problem: Ich hatte Angst vorm Fliegen. Ich bin dennoch nach Persien geflogen. Meine Freunde haben mich bequatscht wie auch meine Frau Petra mich darin bestärkte, dass ich den Job machen sollte. Mein Vater hatte keinerlei Verständnis für meinen Entschluss. „Hast du das nötig, als Gastarbeiter im Ausland zu arbeiten? Hier hast du doch alles. Was willst du mehr?", bedrängte er mich. Er hat nach meiner Abreise lange Zeit nicht mit mir sprechen wollen, auch nicht am Telefon. Meine Mutter hatte Verständnis für meinen Entschluss, obwohl sie sehr darunter gelitten hat.

Mit einem Abschluss als Fischwerkermeister in der Tasche bin ich in Anfang der 1970er-Jahren zu meinem ersten Auslands-Job gestartet. Übrigens ein Beruf, der für bestimmte Firmen von großem Interesse war. Ich bekam wie gesagt ein Angebot von der Firma Eurania, die mich nach Persien schickten. Also genauer gesagt nach Bandar Anzali, einer Hafenstadt in der heutigen iranischen Provinz Gilan. Nach wie vor ist Bandar Anzali der wichtigste Handelshafen am Kaspischen Meer. Ich fing dort in einer Fabrik an, in der sie Stör verarbeiten wollten. Die drei Inhaber waren sehr bekannte Persönlichkeiten und eine große Nummer im Kaviargeschäft. Einer der drei Inhaber war zufällig der damalige Schah von Persien. Das Kaviar-Geschäft florierte, ein Supergeschäft. Doch sie wussten zunächst nicht, was sie mit dem Fischfleisch an sich anfangen sollten, da bisher nur der Rogen, also die Fischeier des Störs zu Kaviar verarbeitet wurde. Sie suchten nach der richtigen Idee und Technologie zur weiteren Verarbeitung des Stör-Fleisches. Dadurch sind sie irgendwie auf mich gestoßen und haben mir ein gutes Angebot gemacht. Mit Fischverarbeitung kannte ich mich ja aus, das war mein Metier. Und so haben wir angefangen, das Fischfleisch des Störs zu Steaks, Kebabs und anderen

Waren zu verarbeiten. Die Produkte wurden gefrostet nach Amerika exportiert. Die erste Anstellung und dazu ganz allein im Ausland – das war ungewohnt und auch nicht so einfach für mich. Aber ich war nicht allein, in der Firma in Bandar Anzali jobbten noch drei weitere Ausländer, unter anderem Fritz Heder, ein großer schlanker netter Kerl, der dann auch später ein guter Bekannter von wurde. Irgendwann häuften sich die Probleme in der Firma, da nicht genügend produziert werden konnte. Das lag vor allem an technischen Problemen. Während eines Meetings habe ich schließlich mit der Faust auf den Tisch gehauen und gesagt: „Wie soll ich mehr Ware produzieren? Wie kann ich mehr produzieren, wenn die Technik einfach nicht intakt ist? Die Sägeblätter und so weiter gehen unentwegt kaputt und dies und das funktioniert nicht. Das liegt nicht an mir, das liegt nur an der Technik!" Da ging der Fritz an die Decke und motzte mich an. Wir kriegten wir uns richtig in die Haare und wollten uns prügeln. Er schrie mich an: „Komm mit raus!" Also sind wir beide nach draußen gegangen und alle guckten ganz schön blöd aus der Wäsche. Draußen vor der Tür meinte Fritz zu mir: „Sag mal, was willst du eigentlich? Willst du mir Schwierigkeiten machen? Willst du die Welt verändern, was willst du? Ich kann die Leute hier doch nicht ändern, wenn sie dies und das nicht machen. Warum arbeiten wir gegeneinander?

Warum arbeiten wir beide nicht zusammen?" Der Mann hat mich richtig rundgemacht. Dabei war ich es doch gewohnt, die Leute zurechtzuweisen. Ich war über zehn Jahre selbstständig und so stand es eigentlich mir zu, die Anweisungen zu geben. Doch hier lief alles anders. Fritz Heder hat mich richtig zurecht gestaucht, bis ich zu ihm meinte: „Fritz, du hast recht." Und von da an waren wir beide gute Freunde und meisterten die Probleme zusammen.

In Bandar Anzali haben wir in komfortablen Bungalows gewohnt. Die Bungalows gehörten reichen Persern aus Teheran und waren quasi deren Sommer- oder Wochenend-Residenzen. Das war alles vom Feinsten. Es gab zudem eine Hunting Lodge, also einen Jagd-Club, der lag etwas abgelegen und war perfekt für die Jagd ausgerichtet. Der Club gehörte einem Amerikaner. Da ich selbst Jäger war, bin ich oft mit dem deutschen Shareholder der Firma auf die Jagd gegangen. Das war sehr schön, muss ich sagen. Wir haben vor allem Enten und Gänse geschossen, die über das Kaspische Meer eingeflogen kamen und auf einem großen flachen See vor Ort in Anzali Lagoon landeten. Da aber unglaublich viele Enten übers Meer angeflogen kamen, haben wir eines Tages beschlossen, nur auf jede dritte oder jede fünfte zu schießen. Die haben wir auch gar nicht mehr eingesammelt, sondern einfach ins Wasser stürzen lassen. Das hatte seinen besonderen Grund: Wenn wir mit der Jagd fertig waren, dann kamen die Einheimischen mit ihren Booten vorbei und haben sich die Enten aus dem Wasser gefischt. In Persien haben wir nicht nur gearbeitet und gejagt, wir haben auch kräftig gefeiert. Es gab dort einen wunderbaren Wodka. Wenn mich nicht alles täuscht, hieß die Marke „Kaviar Wodka". Als ich in Bandar Anzali ankam, wohnte ich zunächst im brandneuen „Grand Hotel Sefid Kenar", bevor ich in einen Bungalow umzog. Im Grand Hotel war ich anfangs der einzige Gast und konnte machen, was ich wollte. Ich brauchte nur zu unterschreiben. Es war alles frei. Jeden Morgen, wirklich jeden Morgen, gab es eine große Schüssel mit Kaviar und hartgekochten Eiern und Beilagen. Damals habe ich den Kaviar mit großen Löffeln gegessen. Später aßen wir nicht mehr den normalen Kaviar, sondern nur noch den vom Schwarzmarkt. Das war der Golden Kaviar. Der war leicht bräunlich. Herrlich!

Eine Geschichte aus meiner Zeit in Persien muss ich unbedingt erzählen: Ich war Jäger und hatte folglich einen deutschen gültigen Jagd- und Waffenschein. Also habe ich meine Waffen nach Persien mitgenommen, weil mir einer der Shareholder bei der Vertragsunterzeichnung erzählt hatte, dass man dort gut jagen konnte. Wunderbar! Also habe ich auch noch meinen Hund Arko aus Deutschland mitgebracht. Meine Hunde heißen bis heute alle Arko.

Arko war gut abgerichtet und konnte in einem Radius von fünf Metern ohne Leine stressfrei mit mir sein. Es war nicht so einfach, ein Hotel zu finden, in dem Hunde akzeptiert wurden. Der Hotelmanager des „Sefid Kenar" war mir jedoch wohlgesonnen, nachdem ich ihm Arko vorführte und der Hund auf Kommando reagierte. Mit dem Hund gab es kein Problem. Das Problem waren meine Jagdgewehre. Im Hotel wurde ich von einem Firmenmitarbeiter begrüßt. Als er mein Gepäck und vor allem meine Gewehre sah, da meinte er völlig entsetzt: „Ja, was ist das denn?" „Das sind meine Gewehre", antwortete

„Damit will ich nichts zu tun haben, absolut nichts!"

ich. „Was machen die denn hier?", erhob sich seine Stimme. Er war richtig empört. „Wie haben Sie die nach Persien reingebracht?" „Die habe ich im Flugzeug als Gepäck reingebracht", meinte ich ganz cool. „Unmöglich", sagte er, „damit will ich nichts zu tun haben, absolut nichts." Ich war damals zu Schah-Zeiten in Persien. Da wurde jeder Ausländer auf Schritt und Tritt von der Geheimpolizei beobachtet. Nun hatte mein künftiger Jagdpartner, einer der

Shareholder der Firma, einen sehr guten Draht zum Schah und damit auch zur Geheimpolizei. Insofern war meine „Bewaffnung" vor Ort überhaupt kein Problem. Anders war die Sache, als ich später wieder aus Persien abgereist bin. Mein Hund Arko war schon weg, den hatte ich eine Woche vorher verschickt. Nun wartete ich auf meinen Abflug nach Deutschland und hatte meine Jagdgewehre bei mir. Als ich im Teheraner Flughafen saß, wusste ich wirklich nicht, wie ich das mit den Waffen regeln sollte. Ich konnte die Waffen nicht einfach einchecken, das war unmöglich. Was sollte ich machen? Einfach am Flughafen liegenlassen konnte ich die zwei auch nicht, denn die Waffe waren in Deutschland registriert. Man hätte sofort nachprüfen können, wem die gehörten. Als ich so vor mich hingrübelte, kam ein Mann in Lufthansa-Uniform vorbei. Da schoss mir

Manchmal schaue ich auch nach oben – da passt einer auf mich auf.

ein Gedanke durch den Kopf und ich sprach ihn spontan an: „Entschuldigung, Sie sind von der Lufthansa?" Er nickte recht freundlich, worauf ich meinte: „Ich habe ein Riesen-Problem!" „Ja, welches denn?" Ich zeigte ihm meine fachgemäß verpackten Gewehre und den Jahres-Jagd- und Waffenschein, alles völlig legal. „Ich weiß nicht, was ich machen soll?", erzählte ich ihm kleinlaut. Ich könnte die Gewehre ja nicht am Flughafen liegenlassen. Was ich nur machen sollte... Da hat er mir geholfen und hat die Waffen selbst mit an Bord genommen. „Geben sie her", meinte er, „wenn wir in Frankfurt sind, melden Sie sich bei mir." Hut ab, man hat auch mal Glück. Ab und zu habe ich Glück im Leben gehabt, wie in solchen kritischen Situationen. Oder ich habe irgendwie einen Weg gefunden, die Dinge zu lösen. Manchmal schaue ich auch nach oben – da passt einer auf mich auf. Da glaube ich heute noch fest dran.

Ich bin damals nach Deutschland zurückgekehrt, weil eines Tages in der Firma in Persien völlig überraschend das gesamte Management ausgewechselt wurde. Die neuen Manager haben relativ zügig und konfliktfrei die Firma komplett aufgelöst. Ende, aus, vorbei. Ich kann mich eigentlich gar nicht so genau erinnern, wie lange ich in Persien war und dort gearbeitet habe. Aber es war nicht allzu lange und ich hatte eine schöne und auch sehr interessante Zeit. Zurück in Hamburg habe ich zunächst meine Firma aufgelöst und wir sind anschließend nach Sri Lanka ausgereist. Meine Frau, mein Sohn und ich.

Kapitel 9

Der Zucker-Deal von Sri Lanka

Persien war abgehakt. Mein Vertrag mit der Eurania war aufgelöst und ich bekam einen neuen Anstellungsvertrag bei der GOPA (Gesellschaft für Organisationsplanung und Ausbildung). Eine sehr gute Firma, die Aufträge und Projekte für die GIZ (Deutsche Gesellschaft für internationale Zusammenarbeit GmbH, ehemals GTZ) abwickelte. Ich hatte mein erstes Gespräch in der Firmenzentrale in Bad Honnef, wo ich auch einen Vertrag für eine Festanstellung unterschrieb. Diese Einigung mit solch einem Tempo war für damalige Zeiten nicht selbstverständlich. Für das erste Projekt wurde ich nach Sri Lanka geschickt. Wir sind als Familie nach Colombo geflogen und haben dort ein sehr schönes Haus bezogen. In Colombo wurde ich der Ceylon Fisheries Corporation zugeteilt. Dort habe ich zusammen mit einem Ceylonesen, der in der DDR ausgebildet worden war und mit einer Ostdeutschen verheiratet war, das Fisch-Handling und auch die Verarbeitung geleitet. Er sprach perfekt Deutsch. Als erstes meinte er zu mir: „Ich weiß, dass du sehr gut verdienst. Da musst du mir etwas von abgeben." Ich staunte nicht schlecht und fragte ihn: „Ich habe zwar kein ganz kleines Gehalt und davon soll Dir noch was abgeben… Wieso? Ich bin Hamburger und ich lebe furchtbar gerne in Hamburg. Ich bin nur ins Ausland gegangen, da ich den ganzen Buckel voller Schulden habe. Ich habe gar kein Geld. Ich habe nur so viel Geld, dass ich gerade hier leben kann. Ich habe ein bisschen Geld, aber nicht so viel, dass ich dir davon etwas abgeben kann." Auf Sri Lankas mangelte es damals an Zucker und an Alkohol. Also habe ich meinem „Freund" einen Deal angeboten: „Ich kann dir ein paar Kilo Zucker im Monat geben, das würde gehen, aber mehr nicht." So haben wir das dann geregelt. Er bekam seinen Zucker und ich hatte meine Ruhe. Mit dem Mann habe ich nachher ganz gut zusammengearbeitet. Aber siehe da, ich hatte wieder im richtigen Moment die richtige Antwort parat. Ich musste nicht einmal lange überlegen. Und so habe ich ihm schnell den Mund gestopft. Ich war zuständig auch für die Fischerei-Ankaufszentren, die wir rund um die Insel aufgebaut und dann eröffnet haben. Die Weltbank hatte einen Kredit für die Garnelenfischer zur Verfügung gestellt, damit sie neue Boote und Netze kaufen konnten. Die Kredite mussten sie in Form von Ware, also in Fisch und Garnelen zurückzahlen. Wenn die Fischer mit ihrem Fang von See kamen, dann mussten die Garnelen für den Transport richtig verpackt und gut eingeeist werden. Der Aufbau dieser Logistik war ein Teil meiner Aufgabe. So bin ich immer viel rumgereist.

Oftmals, wenn ein neues Ankaufszentrum aufmachte, dann wurde es von der ceylonesischen Präsidentin Sirimavo Bandaranaike offiziell eröffnet. Nachdem sie mich drei- oder viermal bei diesen Anlässen gesehen und in meiner Funktion wahrgenom-

*„Haben Sie denn
keine Angst so allein? Das hier
ist ein Dschungel."*

men hatte, ließ sie mich zu sich kommen. Wir hielten etwas Smalltalk und dann fragte sie mich, was ich im Projekt machen würde. Ich erzählte ihr von meinem Job, worauf sie meinte: „Haben Sie denn keine Angst?" Ich fragte sie etwas verblüfft, wovor ich denn Angst haben sollte. „Haben Sie keine Angst hier so alleine im Dschungel", meinte sie. „Das hier ist ein Dschungel, also ein Großteil von Sri Lanka ist Dschungel." Ich überlegte kurz und antwortete: „Ja, wenn Sie mich so fragen, Angst habe ich schon." „Wie kann ich Ihnen helfen?", fragte mich ausgerechnet die Präsidentin von Sri Lanka. Ich erzählte ihr, dass ich Jäger wäre und einen deutschen Jagd- und Waffenschein besitzen würde. Mit offizieller Genehmigung der Präsidentin konnte ich daraufhin meine Gewehre, die ich auf abenteuerlichen Weise und mit Unterstützung der Lufthansa aus Persien rausgeschmuggelt hatte, nun nachträglich offiziell aus Deutschland nach Sri Lanka einführen. Wie toll! Bei dem Gespräch mit der Präsidentin hörte zufällig ein Mitarbeiter des ceylonesischen Museums in Colombo mit. Irgendwann später trat er in Colombo auf mich zu und fragte, ob ich für ihn Tiere schießen könnte. Also wirklich schießen. Er wollte die Kadaver präparieren und im Museum ausstellen. So hatte ich schon wieder einen Auftrag und konnte problemlos jagen und schießen. Wieder einmal hatte Reinhold Jantzen Glück im Leben.

Ich habe die viereinhalb Jahre in Sri Lanka sehr gerne verbracht. Die Arbeit war gut und interessant und das Leben war auch angenehm. Obwohl es damals schwere Unruhen zwischen den Tamilen und den Singhalesen gab. Wir waren Mitglied im Colombo Swimming Club. Sobald die Sirenen aufheulten fuhren wir schnurstracks in den Club, bevor auf den Straßen geschossen und gekämpft wurde. Dort wurde die Tür verschlossen und wir haben drinnen abgewartet. Wir waren insgesamt fünf Kollegen in dem Team, das sich um das Fischerei-Projekt kümmerte. Dazu gehörten ein Projektleiter, ein Kapitän, ein Techniker, ein Biologe und meine Wertigkeit. In Sri Lanka spürte ich erstmals, dass der Job und das Umfeld für mich zunehmend schwieriger wurde. Ich

Darunter habe ich gelitten, das muss ich ehrlich zugeben.

fühlte mich manchmal etwas unwohl. So verfügten alle Kollegen über eine höhere Schulbildung als ich. Darunter habe ich gelitten, das muss ich ehrlich zugeben. Bis dahin konnte ich meinen Job durch meine praktischen Erfahrungen meistern und zudem war ich viel auf Dienstreisen, meist allein. Über meine Arbeit und die Ergebnisse musste ich regelmäßig berichten und auch Monatsberichte abliefern. Dies fiel mir oft schwer. Die Berichte konnten sich im Grunde inhaltlich ähneln, aber man musste Erfolge bringen, dann tat einem die GIZ nichts. Ohne Erfolg und mit schlechten Monatsberichten gab es hingegen Ärger. Die GOPA war diesbezüglich sehr hilfreich und hat mir bei der Schreiberei geholfen. Wenn man bei der GOPA anrief und ihnen erklärte, man hätte folgendes technisches Problem und bräuchte dies und das, dann haben die gesagt: „Rufen Sie morgen wieder an." Am nächsten Tag kam die klare Antwort: „Okay, das kriegst du und das kriegst du nicht." Das war äußerst effektiv und hilfreich.

Wenn ich zurückblicke, dann habe ich mich mit meiner Schulbildung schon öfters schwergetan, und ich habe mir in meinem Berufsleben vieles anlesen und nachträglich hinzulernen müssen. Deshalb habe ich bei meinen zwei Söhne Michael und Robert sehr viel auf die bestmögliche Schulbildung geachtet und sie so schnell wie möglich erst auf eine Privatschule und dann auf eine Oberschule und Universität nach Perth in Australien geschickt. Beide waren acht Jahre dort, aber wir haben das gerne getan, weil sie es leichter haben sollten als ich es gehabt habe. Meine Frau und ich sind glücklich, dass wir das zu der Zeit finanzieren konnten.

Kapitel 10

Vater und Sohn erobern die Welt

Von Sri Lanka ging es nach Hause, also zurück nach Hamburg, wo ich sehr schnell ein neues Angebot von der GTZ bzw. heutigen GIZ erhielt. Dafür musste ich nach Eschborn und mich einem psychologischen Test unterziehen. Den Test habe ich bestanden und wurde sofort eingestellt. Die Manager hatten sich überlegt, mich in die Türkei zu schicken, um ein neues Fischerei-Kombinat aufzubauen. Das Angebot war gut und interessant und deshalb habe ich es auch angenommen. Leider verzögerte sich die Sache aus irgendwelchen Gründen immer weiter, dennoch bekam ich jeden Monat mein Gehalt überwiesen. Gutes Geld.

Zu jener Zeit war ich gerade frisch geschieden und mein Sohn Jan war im Internat. Zum Glück hatte ich noch meine Wohnung in Hamburg. Nun gut, man ist frisch geschieden und wieder frei – vogelfrei, wie man so schön sagt. Also war ich jeden Abend auf der Piste und bin von einer Bar in die nächste gezogen. Das ging ein paar Monate gut, doch irgendwann habe ich zu mir selbst gesagt: „Jantzen, wenn du so weitermachst, dann machst du dich kaputt. Das geht nicht!" Also habe ich rumgehorcht, wo ich eine Beschäftigung finden könnte. Irgendeinen guten Job. Unter anderem habe ich bei einem früheren Kollegen, einem Fischhändler vom Hamburger Fischmarkt, angefragt. Der arbeitete für die FAO, also für die Food and Agriculture Organization of the United Nations, zu Deutsch: Ernährungs- und Landwirtschaftsorganisation der Vereinten Nationen, im deutschen Sprachraum auch als Welternährungs-Organisation bekannt. Das war und ist noch heute eine Sonderorganisation der UNO. Mein ehemaliger Kollege vom Fischmarkt wollte mir dort einen Job vermitteln, allerdings für ein Projekt irgendwo in Afrika. Bevor ich völlig absacke, dachte ich mir, musst du das machen. Also habe ich bei der GTZ angerufen und darum gebeten, dass man mich aus dem laufenden Vertrag rausnimmt. Die Antwort war unmissverständlich: Nein! Sie beharrten darauf, dass ich für die kommenden Projekte fest eingeplant war und außerdem schon so lange auf deren Lohnliste stand. Ich habe noch versucht wegen Nicht-Erfüllung des Vertrages ausscheiden zu können. Ich wollte da unbedingt raus. Alle meine Wünsche und Anträge wurden abgelehnt, aber man teilte mir mit, sie würden sich noch einmal in ein paar Tagen melden. Was auch geschah. Sie boten mir als Übergangslösung an, mich zunächst nach Indonesien zu schicken. Dort gab es ein Fischerei-Forschungsprojekt in Semarang in Zentral-Java und ich sollte erst einmal für drei Monate dort hin.

Ich bin damals zusammen mit meinem Sohn Jan nach Indonesien gegangen. Ich war der erste GTZ-Experte, der als Vater mit Sohn einen Auslands-Job antrat. Ich war frisch geschieden und hatte zu meiner Frau Petra gesagt: „Du kannst alles haben, was du willst, aber mein Sohn bleibt bei mir." Das hatten wir noch vor der Scheidung arrangiert. Jan war inzwischen im Internat in Plön. Als ich mich dann kurz vor der Abreise nach Indonesien von meinen Eltern verabschiedete, fragte mein Vater: „Und was machst du mit Jan?" „Jan ist im Internat", meinte ich. „Es tut mir furchtbar leid, ich hänge sehr an ihm, aber ich muss ihn wohl hierlassen. Das ist mein großes Problem, unter dem ich auch sehr leide." Da stand mein Vater auf, guckte mich scharf an und wurde richtig böse und polterte mächtig los: „Du Rabenvater!" Ich dachte mir, was hat der denn. „Hast du das denn überhaupt mal versucht, ihn mitzunehmen?", schimpfte mein Vater weiter. „Hm, nee", antwortete ich etwas kleinlaut. „Ja, versuch' das doch wenigstens mal", fuhr mein Vater mich schroff an. Der war so richtig in brass. „Wenn es nicht geht, dann geht's nicht, aber du kannst es doch wenigstens

Mein Sohn Jan. Ich bin dankbar, dass mein Vater mir damals so deutlich die Leviten gelesen hat und ich Jan vom Internat runter und mit nach Indonesien genommen habe.

versuchen." Er hatte ja recht. Und ich bin ihm noch heute sehr dankbar für diese deftige Gardinenpredigt. Das war drei Tage vor der Abreise. Ich habe so schnell wie möglich bei der Jugendbehörde angerufen und konnte den zuständigen Beamten am Telefon von meinem Problem berichten: „Sie müssen mir helfen, also ich bin wirklich in Schwierigkeiten, ich muss Sie unbedingt persönlich sprechen". Worauf er nur fragte: „Okay, wann?" „Ja, gleich", bettelte ich. Zu meiner großen Überraschung sagte der Mann tatsächlich: „Setzten Sie sich ins Auto und kommen Sie zu mir." Also bin ich auf der Stelle mit den Scheidungspapieren unterm Arm zur Jugendbehörde gefahren.

Und da saß ich dem besagten Sachbearbeiter gegenüber und der fragte mich: „Wo ist das Problem?" Ich habe ihm meine Situation geschildert, dass ich geschieden sei und das alleinige Sorgerecht für Jan hätte und dass ich einen Vertrag für ein Regierungsprojekt in Indonesien unterschrieben hätte und furchtbar gerne meinen Sohn mitnehmen würde. Er fragte nur: „Wie sind in Indonesien die Schulmöglichkeiten?" Ich musste zugeben, dass ich darüber keinerlei Informationen hätte, also nichts wüsste. Da guckte er mich an, überlegte kurz und sagte: „Herr Jantzen, sehen Sie mal, was sagt das Gesetz? Das Gesetz sagt, Sie sind verpflichtet, Ihrem Kind die bestmöglichste Ausbildung zukommen zu lassen. Die bestmöglichste. Da steht nicht drin, dass Sie ihr Kind auf die Universität schicken müssen oder auf irgendeine Fachschule. Das steht da gar nicht drin." Ich war etwas überrascht über diese Aussage und fragte: „Was heißt das speziell für mich?" Da guckte er mich an und meinte: „Soll ich einen guten Rat geben?" Worauf ich blitzschnell nachhakte: „Welchen denn?" „Nehmen Sie Ihren Sohn mit", sagte der Mann ganz ruhig und mitfühlend. Also, mir läuft bei dieser Erinnerung heute noch eine Gänsehaut über den ganzen Rücken. Mit diesem Ratschlag bin ich völlig beseelt und auch entschlossen ins Auto gestie-

Raus aus dem Internat, rein ins Auto und ab in den Flieger. Vater und Sohn erobern eine weite neue Welt. Jan und ich waren darüber sehr glücklich.

gen und zum Internat nach Plön gefahren. Ich kam dort nachmittags an und bin direkt ins Büro gegangen, wo ich deutlich zu verstehen gab, dass ich unbedingt meinen Sohn sprechen müsste. „Das geht jetzt nicht, die haben gerade Unterricht", meinte die Sekretärin. „Das ist mir ganz egal, ich muss ihn sofort sprechen", widersprach ich ihrer Abweisung. Schließlich kam noch der Internatsleiter vorbei, den ich sofort ansprach: „Ich muss meinen Sohn sprechen. Wenn Sie ihn mir nicht herholen, dann muss ich zu ihm ins Klassenzimmer gehen. Das ist mir völlig egal." Na gut, die Sache klappte und kurze Zeit später kam der Kleine an. Er war gerade dreizehn Jahre alt. Ich guckte ihn an ihn an und sagte: „Jan, wie lange brauchst du zum Packen?" Er war natürlich total überrascht und fragte: „Wieso Papa?" Worauf ich nur sagte: „Ich nehme Dich mit". Jan wusste, dass ich nach Indonesien gehen würde. Das hatte ich ihm einige Tage zuvor erzählt. Und wir hatten uns auch verabschiedet und Tschüss gesagt, weil ich ja eigentlich alleine nach Indonesien fliegen wollte. Ich werde nie Jans Gesichtsausdruck vergessen, als ich ihm im Internat mitteilte, dass er nun doch mitkommen sollte. Wahnsinn! Und dann das Gebrabbel der Internatsleitung: „Herr Jantzen, das geht doch so nicht!" Ich wusste nur eins: Ich muss jetzt los, weil ich dann und dann fliege. Und ich nehme meinen Sohn mit. Es ist alles arrangiert, ich habe das alleinige

Sorgerecht, wenn Sie bitte hier schauen wollen. Ich war nicht zu bremsen. Und dann haben sie ihn gehen lassen. Jan und ich sind nach Hause, also nach Hamburg gefahren, und haben unsere Sachen gepackt. Dann habe ich mit der GTZ telefoniert: „Ich brauche ein Ticket mehr." Zunächst haben die gar nicht verstanden, worum es ging. Es arbeitete damals ein sehr

„Über den Wolken" von
Reinhard Mey – das haben Jan und ich
immer zusammen gesungen.

hilfsbereiter, guter Freund von mir bei der GTZ, Ludwig Hoss hieß der. Ludwig nahm alles in die Hand und wir bekamen ein zweites Flugticket für Jan. Die Freude bei uns beiden war unbeschreiblich. Damals war ein Lied von Reinhard May sehr populär, jeder sang oder summte es mit: „Über den Wolken". Das haben Jan und ich immer zusammen gesungen. Wunderschön! Das werde ich niemals vergessen.

Das Projekt befand sich in Semarang und Jan und ich wohnten dort im Hotel. Eigentlich nur für drei Monate, weil ich danach für ein anderes Projekt in die Türkei sollte. Aus drei Monaten Indonesien wurden sechs Monate. Und dann habe ich meine Frau Endang kennengelernt. In Semarang gab es leider keine Schule für Jan. Da haben wir uns innerhalb des Projektes Gedanken gemacht, wie man dieses Problem lösen könnte. Jan war ja nicht allein dort, es gab sechs schulpflichtige Kinder, deren Eltern aus dem Ausland stammten und in dem Projekt tätig waren. Also könnte man eine Projektschule eröffnen. Ich habe zunächst noch versucht, etwas mit Fernkursen zu regeln. Und ich habe auch Lehrer angemietet, die Jan richtig Englisch beigebracht haben. Doch dann ging das Projekt zu Ende.

Ich wollte länger bleiben, aber das Projekt war abgeschlossen. Ich erhielt aber einen Folgeauftrag und sollte einen geeigneten Einsatzort für ein neues Fischerei-Forschungsprojekt ausfindig machen. Also bin ich in Indonesien rumgereist, habe aber nichts Passendes gefunden. Ich war zum Beispiel in Kalimantan, einer indonesischen Provinz auf Borneo, und in anderen Ecken des Landes. Nix zu finden. Irgendwann fragte mich jemand: „Warst du denn schon mal auf Bali?" Nee, war ich nicht. Also bin ich zusammen mit meinem Sohn mit dem Auto nach Bali gefahren und dort haben wir einen guten Hafen vorgefunden, der alle Voraussetzungen für das Projekt erfüllte. Und schon sind wir beide umgesiedelt und waren siebeneinhalb Jahre dort. Das war eine sehr schöne Zeit für Vater und Sohn und Jans neue Mutter Endang. Dort gab es auch eine Projektschule. Mit Lehrer und vier Kindern. Der deutsche Lehrer hatte auch zwei Kinder. Schließlich waren das sechs Kinder, die in meinem Haus unterrichtet werden sollten. Ich musste ausziehen, weil das Haus einfach perfekt für eine Schule geeignet war, also haben wir dort die Projektschule eingerichtet. Jan hat einen richtigen Schulabschluss gemacht und ist anschließend für eine Lehre zurück nach Hamburg gegangen. Und zwar hat er bei einem Freund von mir, dem die Firma Fuhrmeister & Co gehörte, eine Lehre als Außenhandelskaufmann abgeschlossen.

Ganz wohl war mir bei der Sache nicht, irgendwie lag mir Jans Ausbildung und Zukunft immer sehr am Herzen. Als ich noch für das GTZ-Projekt gearbeitet habe, war noch alles in Ordnung. Da hatte ich ein sehr gutes Einkommen und alles war geregelt. Als ich mich jedoch 1985/86 auf Bali selbstständig machte, da wurde eine Zeit lang das Geld recht knapp. Mein Sohn wohnte in meiner Wohnung in Hamburg, mehr konnte ich ihn leider nicht unterstützen. Aber es gab zum Glück meine Eltern. Meine Eltern waren sehr gut betucht. Sie haben Jan sehr geholfen und unterstützt, das muss ich immer wieder betonen. Ich persönlich konnte das damals nur wenig, was mir natürlich sehr weh getan hat. Wenn ich nur allein überlege, welche kleinen und auch großen Schwierigkeiten und zusätzlich noch besonderen Umstände es damals gab: Ein Anruf von Bali nach Deutschland kostete mich zu jener Zeit ein Vermögen – gemessen an meinen damals doch recht dürftigen Einkünften. Wir konnten uns damals nur ganz wenig leisten.

Kapitel 11

Abschied und neue Liebe

Wir hatten ein großes Haus, alles war wunderbar, aber wir hatten kein Geld und unser Geschäft war wie tot. Das war eine sehr schwere Zeit in den ersten Jahren als Unternehmer auf Bali. Als später meine anderen Söhne Michael und Robert ins Internat nach Australien gingen, da konnten wir es uns finanziell erlauben, die Kinder auf eine Privatschule zu schicken. Aber in der Anfangszeit mit Jan ging da leider gar nichts. Das hat mir immer sehr weh getan, dass ich Jan nicht so unterstützen konnte wie mir das später bei meinen beiden anderen Söhnen Robert und Michael sowie auch jetzt bei meiner Tochter Nicole möglich war und ist.

Nachdem Jan seine Lehre in Hamburg beendet hatte, luden wir ihn ein, uns auf Bali zu besuchen. Er äußerte später, nachdem er angekommen war, dass er gerne hierbleiben wollte. Da habe ich gesagt:

„Jan, das geht so nicht, Du musst erst wieder zurück. Du musst erst Deine Papiere für Visa und Aufenthaltsgenehmigung in Ordnung bringen und dann müssen wir das richtig planen, wie es mit uns zusammen hier weitergehen kann. Du kannst nicht so einfach hierbleiben, das geht so nicht, denn Du bist kein Kind mehr, Du bist erwachsen." Und dann passierte leider der Unfall, bei dem Jan tödlich verunglückt ist. Er war mit dem Motorrad auf dem Nachhauseweg von Kuta und ist in einer Kurve von der Fahrbahn abgekommen und gegen einen Baum geprallt. Er war sofort tot. Wir haben damals nicht die Firma geschlossen, sondern haben weitergearbeitet, um den Schmerz irgendwie zu unterdrücken. Es war sehr schwierig, einen ordentlichen Sarg für ihn zu bekommen. Einen Sarg gab es nur aus Sperrholz, denn Hindu und Moslems benutzen keine Särge. Den Sarg haben wir anfertigen lassen und eigenhändig mit Seide ausgeschmückt. Das haben meine Frau und ich alles selbst in die Hand genommen. Einen Beerdigungsunternehmer wie man sie heute kennt gab es damals noch nicht. Jan hatte hier auf Bali den Konfirmandenunterricht besucht und war auch hier konfirmiert worden. Da man auf Bali auch in protestantischen Kirchen die Toten nicht in einer Kirche aufbahren kann, haben wir die Beerdigungs- und Kirchenzeremonie bei uns im Haus in Sanur organisiert. Ein amerikanischer Pastor hielt die Grabrede und sprach die

Beerdigungszeremonie auf dem Friedhof. Mein Neffe Andreas Reymann kam damals mit seiner Frau im Auftrag meiner Eltern angereist. *[Nach diesen Worten wird Reinhold ganz ruhig und bedächtig und schweigt für eini-ge Minuten.]*

Das war ein schwerer Schlag für alle. Meine Mutter starb, kurz nachdem Jan tödlich verunglückt war. Die beiden waren sehr eng miteinander verbunden. Sie konnte Jans Tod nicht verkraften. Meine Eltern sind auf dem Blankeneser Friedhof in Hamburg-Sülldorf begraben. Dort liegen sie zusammen. Meinen Sohn Jan haben wir auf Bali beerdigen müssen. Später sind die Friedhofsregeln auf Bali total geändert worden. Man kann heute nicht mehr wie früher eine Grabstätte für eine Person kaufen und besitzt diese dann für immer und ewig. Das ist heutzutage zeitlich begrenzt, weil die balinesische Regierung nicht mehr Platz für neue Friedhöfe freigibt. Als Folge hat man den Friedhof in Mumbul aufgelöst und alle Gebeine eingeäschert, so dass es heute davon nur noch einen Urnenfriedhof gibt.

Ich möchte nicht eingeäschert werden. Das will ich nicht. Ich will normal beerdigt werden. Also habe ich hin und her überlegt. Und dann habe ich mit dem Bischof geredet, zu dem ich ein gutes Verhältnis habe. Er hat mich zu sich eingeladen. Das war eine ziemliche Fahrerei, drei Stunden waren wir mit dem Auto unterwegs. Das Dorf, in dem er lebt, liegt hoch in den Bergen, ganz abgelegen. Eine wunderschöne Gegend. Und es leben dort nur Protestanten. Wirklich sehr schön, blitzsauber und mit einer eigenen Kirche. Wir haben uns den Friedhof angeschaut und gemeint, dass dieser Flecken Erde für uns als letzte Ruhestätte in Frage kommen würde. Dann hieß es: Du musst Mitglied werden in der Gemeinde. Eigentlich kein Problem, ich könnte ein Stück Land kaufen und dort ein Haus bauen. Alles in Ordnung, aber dort bin ich dann weit abgelegen von der Welt. Wenn ich dort beerdigt bin – wer von meiner Familie wird dort hinkommen und mein Grab besuchen? Da will kein Mensch hin. Ich habe mich also von dem Projekt zurückgezogen, worauf der Pastor etwas verstimmt mir gegenüber war. Die hatten mich mit offenen Armen aufgenommen und dann mache ich einen Rückzieher. Ich habe jetzt auf dem alten Friedhof zwei Grabstätte käuflich erworben. Auf der einen Seite vom Friedhof sollen die Frauen und auf der anderen Seite sollen die Männer in Grabkammern zu je vier Personen laut Vorschrift beerdigt werden. So will ich das aber nicht für mich und meine Familie haben. Also habe ich meine Familie zusammengerufen und wir haben besprochen, wie wir das das Problem lösen können. Danach habe ich mit dem Pastor und der Gemeinde verhandelt und denen mitgeteilt, dass ich zwei Grabkammerplätze auf dem Friedhof kaufen möchte. Nur für meine Familie als Familiengrab. Da wurde mir gesagt, dass würde viel Geld kosten. Ich antwortete: „Ist mir egal!" Ich habe also diese zwei Plätze gekauft und die werden ummauert und es können bei Bedarf je vier Särge in eine Kammer eingebettet werden. Das hat mich viel Geld gekostet. Da können alle Familienmitglieder zusammen ihre letzte Ruhe finden. Als erstes habe ich meinen Sohn Jan umbetten lassen. Es ist eine den Umständen entsprechend schöne Grabstätte mit Rasen in der Mitte.

Ich war nur kurze Zeit, bevor Jan 1986 tödlich verunglückte, als deutscher Honorarkonsul von Bali berufen worden. Meine Frau Endang war mir in dieser schweren Stunde eine sehr große Stütze. Sie hat hundertprozentig zu mir gehalten, wie sie das bis heute immer getan hat und tut. Eine fantastische Frau, die, als ich sie kennenlernte, nicht einmal 40 Kilogramm wog und so klein und zierlich wirkte, aber dennoch eine ungeheure Power hatte. Diese Energie hat sie bis heute. Ja, wie habe ich sie eigentlich kennengelernt? Ich hatte ein Haus in Semarang gemietet, als ich noch für das Fischerei-Projekt dort gearbeitet habe. Wir waren eine sehr große Ausländer-Community, vor allem Amerikaner. Man konnte quasi jeden Abend irgendwo auf eine Party gehen. Und das habe ich auch oft gemacht. Irgendwann musste man auch mal selbst einladen. Wir hatten in dem Projekt eine deutsche Sekretärin, Frau Mudadalam, und die habe ich gebeten, mir bei der Vorbereitung und beim Ein-

*Da waren wir Jantzens noch alle glücklich beisammen:
Ich mit meiner Frau Endang, die unseren Sohn Michael auf
dem Arm hält. Der kleine Robert steht völlig gespannt
vor uns und der große Jan entspannt hinter uns.*

kauf für meine Party zu helfen. Irgendwann fragte sie mich: „Mit wem sind Sie denn heute Abend zusammen?" Ich war etwas verblüfft und sagte, dass ich allein wäre und mit keiner Dame zusammen auftreten würde. „Aber Sie können doch nicht ohne Begleitung auf der Party sein," intervenierte sie heftig, „das geht nicht!" Worauf ich in meiner Art zu ihr sagte: „Dann laden Sie halt irgendeine für mich ein." Die Frau war recht clever und wimmelte meinen Auftrag geschickt ab, indem sie meinte: „Schauen Sie sich doch mal selbst im Büro um, da arbeiten viele nette Sekretärinnen." Okay, dachte ich mir, dann la-

„Papa, die kannst du einpacken."

de ich von denen eine ein. „Nein, so geht das nun auch nicht", meinte sie. „Wieso nicht?", wollte ich wissen. „Also, da muss ich zuerst die Eltern fragen", meinte sie zu mir. Sie müsste zu den Eltern der von mir ausgewählten Sekretärin gehen und müsste die Eltern fragen, ob sie die Tochter abholen und wieder nach Hause bringen dürfte. „Ich bürge ja dafür", erklärte sie mir. Natürlich war ich ihr sehr dankbar für diesen Hilfsdienst und gab ihr mein Einverständnis, dass sie mit dem von mir ausgewählten Mädchen alles mit deren Eltern arrangieren sollte. Als dann schließlich Endang, meine spätere Frau, auf der Party in meinem Haus erschien und mein Sohn Jan sie erblickte, da sagte er wörtlich: „Papa, die kannst du einpacken." Endang hatte ein so bezauberndes Lächeln und ein so wunderschönes Gesicht. Da war es schnell um mich geschehen. Die Schönheit aus Java hatte mich erwischt. Und sie wusste das.

99

Wir waren eine große Familie auf Java, wo mein Großvater herstammt. Mein Vater arbeitete für eine Bank. Wir sind Teil einer alten Königsfamilie. Meine Mutter liebte es als junges Mädchen, ihre eigenen Sachen selbst zu nähen – vor allem Kleider. Damals trugen die Frauen aber vorwiegend einen Sarong, also diese bunten großen Tücher zum Wickeln. Sie hat einige Kleider für die Königsfamilie geschneidert und war zudem Lehrerin an der Universität. Ich habe zwei Brüder und eine Schwester, die älter sind als ich. Meine ältere Schwester wurde immer von meiner Mutter bevorzugt und durfte alles. Sie durfte zu Modeshows gehen. Natürlich war ich etwas eifersüchtig auf sie. Meine Schwester bekam immer neue Sachen zum Anziehen und ich musste ihre alten Sachen auftragen. Das hat mich wütend gemacht. Eines Tages habe ich zu meiner Mutter gesagt: „Mir gefällt das nicht mehr." Da war ich etwa 15 Jahre alt. Da sagte meine Mutter: „Schau hier in den

Schrank, der ist voll von Stoffen. Such dir was aus und ich zeige dir, wie man ein Kleid schneidert." Meine Reaktion war: Okay, keine so schlechte Idee. Und dann habe ich angefangen, das Nähen zu lernen und meine Kleider selber zu schneidern. Als ich dann mit sechzehn in der Schule meine eigenen Kleider trug, da wurden meine Freundinnen aufmerksam und haben meine Kleider bewundert. Da habe ich ihnen erzählt, dass ich diese selber machen würde. Sofort kam die Bitte, ob ich auch für sie neue Kleider machen könnte. Okay, aber nur gegen Bezahlung. Also habe ich angefangen, für meine Freundinnen zu nähen und zu schneidern. Ich bin dann nach Semarang umgezogen und habe bei meinem älteren Bruder gewohnt. In einem Haus, das meine Eltern vormals gekauft hatten. In dem Haus wohnte auch eine ältere Frau, die schon auf meine Eltern aufgepasst hatte. Sie hat auch uns in dem Haus geholfen und betreut. Ich habe an der Akademie für Wirtschaft studiert. Meine Familie sind alle Moslems, aber moderater und moderner als die Puristen. Wir sind keine strikten Moslems. Meine Eltern haben mich und meine Geschwister auf die katholische Schule geschickt. Meine Mutter war der Meinung, dass an der katholischen Schule mehr Disziplin herrscht. Die Akademie in Semarang war ebenfalls katholisch. Einige meiner Lehrerinnen waren Nonnen. Ich habe die Akademie zweieinhalb Jahre be-

sucht. Mein Bruder arbeitete als Architekt und hatte seine eigene Firma. Zu jener Zeit erhielt er einen Auftrag von der Regierung, Büros für das Fischerei-Ministerium im Hafen zu bauen. Das Ministerium plante ein Projekt, um die Fischbestände zu untersuchen und zu schützen, zusammen mit der FAO, also der Food and Agriculture Organization of the United Nations. Doch die GTZ übernahm das Projekt. Die indonesische Regierung arbeitete damals bei vielen Projekten mit zahlreichen Ländern zusammen. Als das Bürogebäude fertig gestellt war, benötigte die Firma mehr Angestellte. Da hat mein Bruder mich bei dem Direktor empfohlen.

Ich hatte direkt nach dem Akademie-Abschluss wenig Arbeitserfahrung, doch ich wollte viel lernen. Im Büro gab es eine klare räumliche Trennung zwischen den indonesischen und den deutschen Mitarbeitern. Für das Sekretariat gab es aber nur einen einzigen Raum und ich saß dort zusammen mit einer Sekretärin aus dem deutschen Projekt. Die hieß Lisa Abdulrahman. Sie war mit einem Indonesier verheiratet. Die deutschen Mitarbeiter sprachen nur mit ihr, da ich ja kein Wort Deutsch verstand. Eines Tages kam Reinhold ins Büro. Ich habe ihn nicht besonders beachtet. Er war alleinstehender Vater mit Sohn und ich war gerade 22 Jahre alt.

Meinen Weg zum Büro und wieder nach Hause habe ich immer mit einem Fahrrad gemacht, auf dem zwei Personen nebeneinandersitzen konnten und der Fahrer dahinter saß. Meine Wohnung lag ein ganzes Stück entfernt vom Büro. Wenn du dich innerhalb des Hafens bewegen wolltest, musstest du oftmals durch eine Sicherheitskontrolle. Reinhold hatte schnell ein Auge auf mich geworfen. Ich war etwas zurückhaltend und ängstlich, da wir uns Mitte der 1970er-Jahren trafen und sich damals noch nicht allzu viele Ausländer in Indonesien aufhielten." **[Endang]**

Nachdem ich Endang zur Party eingeladen hatte, bekam ich vom Direktor unseres Fischerei-Projektes, der extra aus Jakarta angereist war, einen Vortrag zu hören. Was mir einfallen würde, so etwas zu tun. Wie könnte ich mich nur hinter den indonesischen Mädchen und Frauen hermachen. Wenn ich ein Mädchen haben wolle, dann solle ich gefälligst in eine Disco gehen, aber nicht die Mädchen aus dem Büro anmachen. Er war richtig böse. Da habe ich ihm höflich zu verstehen gegeben: „Ich weiß nicht, was Sie wollen. Ich mag diese Frau. Ich meine es ernst. Ich bin geschieden und habe einen Sohn und ich möchte wieder eine Familie gründen." Er hat mich mehrfach gefragt, ob ich das wirklich ernst meinte. Darauf habe ich ihm geantwortet: „Ja, ich meine es sehr ernst." Von dem Moment an waren wir beide Freunde. Ich respektiere es ungemein, dass er so sehr auf seine

Angestellten geachtet hat und sich um die Frauen so viele verantwortungsvolle Gedanken und Sorgen machte. Ich habe Endang eingeladen und jedes Mal kam sie zusammen mit ihrem Bruder Ir. Soeroso. Okay, habe ich mir gedacht, dann lädst du ihn mit ein, und wir sind zu dritt einige Male chinesisch Essen gegangen. Ich war über ein halbes Jahr mit Endang zusammen, aber wir waren nie alleine.

In Europa erzählt man gerne, dass die Frauen in Asien den Männern nachlaufen würden. Das stimmt so nicht ganz, denn es kommt drauf an, aus welcher Familie die Frau stammt. Endang stammt aus einer sehr angesehenen alten Familie, die zur Königsfamilie von West-Java gehört. Endang ist mir nie nachgelaufen. Eines Tages bekam ich zufällig mit, dass sie aus Solo stammt, wo ihre Eltern auch leben würden. Von Solo ist sie stets mit dem Bus nach Semarang zu ihrem Bruder gefahren, mit dem sie zusammenwohnte. Mit dem Auto war das mindestens zwei Stunden Fahrzeit. Eines Tages habe ich mich entschlossen und bin zusammen mit meinem Sohn Jan zu ihren Eltern nach Solo gefahren. Die hatten schon viel von mir gehört. Ich wollte Endang abholen und mit ihr irgendwo etwas Essen gehen. Wann sie denn wieder zuhause sein sollte? Mit der sprachlichen Verständigung war das nicht so einfach. Endangs Eltern sprachen kaum Englisch, die Mutter sprach nur ein bisschen Holländisch und ich preschte mit meinem Hamburger Platt dazwischen. Nun gut, irgendwann hatten alle verstanden, worum es mir ging. Und die Eltern gaben ihre Erlaubnis, dass Endang mit uns zurück nach Semarang fahren dürfte. Ich war total happy. Endang verabschiedete sich von ihren Eltern und setzte sich vorne zu mir ins Auto. Ich fuhr damals einen Fiat Miafiori. Mit einem Mal ging die Hintertür auf und zu und wer saß drin? Der andere Bruder Soebekti. Und der meinte: „Du fährst doch jetzt nach Semarang. Nimmst du mich mit?" Nein sagen konnte ich nun ja wirklich nicht. Also sind wir zu viert losgefahren nach Semarang in die Wohnung des älteren Bruders, wo auch Endang wohnte. Dort haben wir zusammengesessen und ferngesehen. Plötzlich fing Endang an zu weinen. Ich

Es muss irgend so ein Drama gewesen sein, sonst heult man doch nicht.

hatte keinen blassen Schimmer, was da im Fernsehen lief. Ich habe überhaupt nichts verstanden, aber es muss irgend so ein Drama gewesen sein, sonst heult man doch nicht. Und die Indonesier sind sehr gefühlsbetont. Ich machte mir aber Sorgen um die Kleine und habe natürlich gegrübelt, was mit ihr los ist.

Warum weint sie? Hab' ich etwas falsch gemacht? Zum Glück löste sich alles zum Guten auf und irgendwann wollte mein Sohn gerne nach Hause. Da fragte der jüngere Bruder plötzlich: „Wo fährst du jetzt längs?" Ja, ich fahre zu mir nach Hause, wo sonst wohl hin. Da meinte er: „Nimmst mich mit?" Wohin, wollte ich wissen. „Ich muss zur Busstation. Ich muss ja wieder zurück zu meinen Eltern nach Solo." Ich war so wütend, so verdammt wütend. Wenn man zu der damaligen Zeit als Ausländer in Indonesien mit einer indonesischen Frau zusammen sein wollte, dann war man zu Anfang wirklich nicht willkommen. Das war eine äußerst schwierige und komplizierte Zeit für solche Verbindungen. Endang wusste das und hatte dafür immer sehr viel Verständnis.

„

Ich hatte zunächst Zweifel, wie schwierig es werden würde, zwei Menschen aus zwei verschiedenen Ländern zusammenzuhalten. Ich machte mir Gedanken, was meine Eltern wohl zu dieser Beziehung sagen würden. Wir waren sechs Monate zusammen und in dieser Zeit war ich niemals mit Reinhold alleine. Immer war jemand aus meiner Familie dabei. Dazu war auch Reinholds Sohn Jan immer mit uns zusammen. Mit einem indonesischen Mann wäre das nicht passiert. Es war einfach zu jener Zeit absolut unge-

wöhnlich, wenn eine indonesische Frau mit einem Ausländer verheiratet war. Alle waren etwas skeptisch Reinhold gegenüber. Wer ist er? Wo kommt er her? Und dann gab es natürlich auch die Sprachprobleme." **[Endang]**

Ich wollte Endang heiraten, also musste ich ihre gesamte Familie aufsuchen und mich bei allen persönlich vorstellen, angefangen beim ältesten Familienmitglied. Ich habe jeden einzeln in dessen Wohnung aufgesucht. Die letzte in der Reihe war die Schwester Tutik. Endang hatte eine Schwester, die zwei Jahre älter war und die noch nicht verheiratet war. Die musste ich auch fragen. Ihre Antwort war ein ganz klares Nein. „Wie bitte?", stotterte ich völlig perplex. „Nein", wiederholte sie. Punkt. „Warum nicht?", wollte ich wissen. Darauf gab sie mir eine unmissverständliche Antwort: „Ich will zuerst heiraten. Ich bin die ältere Schwester.". Ich habe daraufhin zu meiner zukünftigen Frau gesagt: „Hör mal zu, bis die einen gefunden hat, so viel Zeit habe ich gar nicht. Ich weiß nicht einmal, wie lange ich hier noch bleibe. Das geht so nicht." Die Antwort meiner Traumfrau ließ nicht lange auf sich warten: „Wenn du schneller heiraten willst," meinte sie ganz spontan, „dann heirate doch meine Schwester." Dem musste ich natürlich vehement widersprechen: „Ich will nicht Deine Schwester, ich will Dich." In Asien lösen sich solche Proble-

Wie hätte ich diesem wundervollen Lächeln widerstehen können? Meine Frau Endang.

me auf ihre ganz eigene Weise. Manchmal muss man sich nur die Zustimmung erkaufen. Ich habe ein bisschen Gold gekauft und habe es der Schwester geschenkt. Da gab sie ihre Zustimmung. Irgendwie überraschend, oder? Nun gut, ich hatte jedenfalls die beste Frau der Welt.

Kapitel 12

Starke Frauen

Als wir heiraten wollten, da fragte Endangs Mutter mich: „Welcher Religion gehörst du an?" Ich war und bin nach wie vor Christ, wenn auch kein besonders guter. Gerade wenn man im Ausland lebt, muss man einen Halt haben. Den habe ich gesucht und den habe ich in der Religion gefunden – als Christ im jahrelangen Umfeld von Moslems und Buddhisten und Hindus. Ich wusste, dass Endang und ihre Familie Moslems sind. Auf die Frage von Endangs Mutter, übrigens eine sehr feine Frau, habe ich damals geantwortet: „Ich bin Christ, also Protestant." Und da hat sie gesagt: „Wohl nur auf dem Papier oder wirklich?" Da habe ich ihr ganz deutlich geantwortet: „Nein, ich bin Christ". Worauf sie ganz bestimmend meinte: „Wenn du kein praktizierender Christ bist, dann bist du bei uns nicht gern gesehen. Welche Religion du hast, ist uns gleich, aber du musst eine haben und diese auch praktizieren". Ich habe den Eltern höflich und unmissverständlich zu verstehen gegeben: „Keiner von uns muss seine Religion wechseln, aber unsere Kinder werden getauft und als Christen erzogen." Dem haben Endangs Eltern bedenkenlos zugestimmt und wir hatten bis heute nie Probleme, was die Religion betrifft. Später hat Endang ihre Glaubenszugehörigkeit gewechselt und ist Protestantin geworden. Unser Pastor Bartsch aus der deutsch-sprachigen Gemeinde Jakarta hat meine Frau in unserem Haus getauft. Dazu hatten wir alle unsere Freunde eingeladen. Seither ist sie sehr viel aktiver in der religiösen Arbeit als ich es bin.

Mein Leben war und ist stark von Frauen bestimmt. Meine Mutter spielte eine große Rolle und hat mich immer unterstützt, oftmals ohne das Wissen meines Vaters. Mit meiner ersten Frau Petra habe ich eigentlich eine gute Ehe geführt. Wir hatten nicht viel Streit. Sie war eine ausgesprochen gute Geschäftsfrau, wie meine jetzige Frau Endang auch. Aber Petras Mutter war ganz anders. Mannomann! Sie stammte aus Polen und sie hat mich immer so umarmt und geknutscht. „Reinhold, Reinhold", sülzte sie noch. Dann drehte sie sich um und sagte einmal, wohl völlig unbedacht, beim Wegdrehen: „Den Hals sollst Du Dir brechen!" Ehrlich! Das ist mir so im Kopf hängen geblieben. Da knutscht sie dich ab und wendet sich schließlich widerwärtig ab und meint: „Den Hals sollst Du Dir brechen." So eine falsche Person! Das mag ich nicht. Und das habe ich auch nie vergessen, wenn mich mal eine Frau abknutschen wollte.

Ich glaube schon, dass ich ziemlich geradlinig bin. Ich versuche immer, mein Ziel zu erreichen. Wenn ich diese Einstellung und diesen Willen nicht hätte und wenn ich das nicht wäre, dann wäre ich auch nirgends hochgekommen, vor allem nicht in Indonesien und speziell auf Bali. Die ersten Jahre nach dem Vertragsende mit der GTZ waren sehr schwer. Ich hatte zunächst keine Aufenthaltsgenehmigung und konnte somit keine eigene Firma gründen geschweigen denn arbeiten. Das war keine einfache Situation für mich, der ich immer alles selbst gemacht und vor allem bestimmt hatte. Ich wurde dann immer mehr von meiner Frau abhängig. Doch Endang stand von Beginn an meiner Seite und hat die täglichen Schwierigkeiten mit mir zusammen gemeistert. Ich sagte ihr immer: „Das machen wir so." Und sie hat das dann sofort umgesetzt. Ich durfte ja nicht in den Vordergrund treten wegen der fehlenden Arbeitsgenehmigung. Sie konnte mich sehr gut verstehen, weil sie auf Bali auch anfangs eine Fremde war. Das hat uns von Beginn an eng miteinander verbunden. Endang musste sich auch erst in ihrer neuen Welt einleben und in die neue Rolle hineinfinden.

„

Nach sechs Monaten war das Projekt in Semarang kurz vor dem Ende. Also hat man versucht, einen anderen Standort für das Projekt zu finden. Reinhold suchte damals nach einem neuen Ort in Indonesien. Schließlich konnte er das Projekt in Denpasar weiterführen. Wir haben dann geheiratet und sind nach Denpasar bzw. Sanur umgezogen. Das war Anfang 1978. Damals gab es hier sehr viel „black magic". Das war für mich zunächst etwas fremd und beängstigend. Die Zeit war nicht so angenehm für mich. Das war alles sehr andersartig als auf Java. „Was sollen wir hier?", habe ich Reinhold immer wieder gefragt. Wir wohnten zunächst in einem kleinen Bungalow, nur von Ausländern umgeben. Ich konnte zwar mit den Menschen reden, aber eigentlich wollte ich am liebsten wieder nach Hause nach Java. Zum Glück entwickelten sich dann ein paar Freundschaften und eines Tages sind wir in ein eigenes Haus umgezogen. Ich wurde sehr schnell Mitglied im International Women's Club, wo ich viele neue Frauen aus den unterschiedlichsten Ländern kennenlernte. Wenn du verheiratet bist, dann teilst du viele Dinge miteinander. Reinhold hat unsere Kultur kennengelernt und ich habe vieles von der Lebensweise der Deutschen wahrgenommen und verstanden. Wir haben uns immer bemüht, gegenseitig unsere Herkunft und Kultur zu verstehen.

Ansonsten würden wir heute längst nicht mehr zusammen sein. Selbst wenn du als Javanerin mit einem Balinesen oder Indonesier verheiratet bist, dann musst du die Unterschiede akzeptieren und gegenseitig lernen." **[Endang]**

Zu unseren ersten Freunden auf Bali gehörte Brigitte Lohmann-Wörner mit ihrer Familie. Ich arbeitete zusammen mit ihrem Mann in einem Projekt, das die GTZ in Kooperation mit der FAO (Food & Agriculture Organization) und der australischen und der indonesischen Regierung durchführte. Wir sollten eine Bestandsaufnahme von dem Fischvorkommen vor der indonesischen und der australischen Küste erstellen, um herauszufinden, welcher Fisch zu welcher Jahreszeit in welchem Planquadrat zu fangen ist, den man dann vermarkten konnte. Wir waren Nachbarn und wir Männer fuhren morgens zum Dienst nach Denpasar in die Fischereibehörde und die Frauen waren zuhause und kümmerten sich um die Kinder, von denen einige schon zur Schule gingen. Wir hatten uns mit den Wörners angenähert und es bildete sich im Laufe der Zeit eine echte Freundschaft heraus. Bali war für uns alle zu jener Zeit absolut neu – das Land, die Sprache, die Kultur. Endang war als Javanerin etwas näher dran an dem Leben auf Bali und konnte uns viele Dinge insofern eher und besser erklären. Besonders für mich war sie so – damals wie heute – eine ganz große Stütze.

Brigitte Lohmann-Wörner beschreibt das Geheimnis der engen und starken Verbindung zwischen Reinhold und Endang recht persönlich und eindrucksvoll: „Es gab Reinhold Jantzen, nachdem sie sich selbstständig gemacht hatten, anfangs nur, weil Endang ihm zur Seite stand. Sie ist eine so fantastische Frau, die mit ihrer ausgeglichenen Art alles immer gedeckelt hat und die ihm immer wieder bei den aufkommenden Schwierigkeiten den Rücken gestärkt hat. Und ihm auch viele Wege aufgezeigt hat, die er dann gehen konnte in Verbindung im Zusammenleben mit den Indonesiern und den indonesischen Behörden. Endang ist Javanerin. Sie war genauso eine Ausländerin auf Bali wie wir, wenn auch nicht ganz so ausländisch wie wir. Endang war sehr jung, Anfang zwanzig, als sie nach Bali kam. Sie musste damals ganz vieles lernen. Auch im Umgang mit uns. Wir deutschen Frauen waren natürlich alle emanzipiert und selbstbewusst und das war bei ihr zu Anfang noch nicht so."

Kapitel 13

Heimweh und Weihnachten

Auch als sehr bodenständiger Hamburger hat man schon mal Heimweh. Mein Heimweh kann ich erklären. Seit ich Hamburg vor rund 50 Jahren verlassen habe, gab es immer wieder Momente, wo ich einmal im Jahr richtig Heimweh bekam, so richtig Heimweh. Und das war über viele Jahre regelmäßig zur Weihnachtszeit. Weihnachten war damals bei uns in Hamburg mit meinen Eltern eine eingefahrene Sache. Es lief immer die gleiche Prozedur ab. Dazu fällt mir eine kleine Geschichte ein. Weihnachten war und ist für Geschäftsleute natürlich ein Hauptgeschäft. Meine Eltern waren auch im Einzelhandel tätig und führten einen Gemüsehandel. Zu Weihnachten mussten alle Kunden pünktlich und zufriedenstellend beliefert werden. Das bedeutete viel Arbeit und wenig Schlaf, also waren alle zu Heiligabend todmüde. Kurz vor Feierabend am Heiligabend machte mein Vater im Geschäft noch schnell die Abrechnung und räumte etwas auf. Danach ging er gegenüber zum Friseur – Stümer hieß der Friseur – und dort ließ er sich noch schnell die Haare schneiden und rasieren. Jedes Jahr stellte der Friseur ihm die gleiche Frage: „Ernst, hast du denn schon ein Weihnachtsgeschenk für Deine Frau?" „Nee", antwortete mein Vater dann immer etwas überrascht und meinte: „Du hast ja recht, ich muss unbedingt noch irgendwas kaufen." Und dann hat mein Vater von Herrn Stümer einen Geschenkkarton mit *4711*, also Seife und Kölnisch Wasser gekauft. Das ließ er sich schön einpacken und diesen Karton bekam meine Mutter als Weihnachtsgeschenk. Jedes Jahr die gleiche Prozedur.

Weihnachten war immer viel Trubel bei uns. Mal weigerte sich meine Schwester, Klavier zu spielen. Sie war bockig und hatte keine Lust und heulte. Oder wir wollten baden, konnten das aber nicht, weil die Karpfen aus unserem Teich seit Tagen in unserer Badewanne schwammen. Die waren natürlich längst tot und landeten im Kochtopf. Es war immer ein herrliches Chaos bei den Jantzens zu Heiligabend. Beim Essen wurde mein Vater meist etwas müde. Also wurde schnell Bescherung gemacht und meine Mutter bekam wieder ihr *4711* überreicht. Eines Heiligabend platzte ihr der Kragen und sie meckerte meinen Vater an: „Was ist mit Dir los? Stinke ich? Bin ich dreckig? Warum schenkst Du mir jedes Mal Seife und Kölnisch Wasser zu Weihnachten? Das ist doch wohl unmöglich." Das vergesse ich nie in meinem Leben *[Bei dieser Erzählung muss Reinhold herzhaft lachen.]* Das war eine total eingefahrene Veranstaltung. Und die dauerte auch nie lange, da mein Vater irgendwann einschlief. Gegen 22 Uhr öffnete sich regelmäßig gegenüber auf der anderen Straßenseite in der dritten Etage ein Fenster und ein Trompeter spielte „Stille Nacht, heilige Nacht" auf seiner Trompete. Oh, das ging durch und durch. Dazu rieselte

„Reinhold, jetzt können wir das alleine."

der Schnee und die Straßen waren weiß. Diese Bilder und Erinnerungen vergesse ich nie. Obwohl wir nicht immer Schnee hatten. Das war nicht so oft. Doch Karpfen blau mit Sahnemeerrettich, ausgelassener Butter und Petersilien-Kartoffeln gab's bei uns immer.

Auf Bali war das alles völlig anders. Meine Frau Endang hatte natürlich von Weihnachten keine Ahnung. Und von den Weihnachtsfeiern. Ich wollte das aber beibehalten und habe ihr erklärt, wie ich mir das vorstelle in der fremden Welt. Meine Frau hat sich immer große Mühe gegeben, mir Weihnachten recht angenehm zu gestalten. Aber oft, da bin ich ganz ehrlich, habe ich in den ersten Jahren an Heiligabend mit meinen Eltern telefoniert. Nachdem ich mit meinen Eltern telefoniert hatte, packte mich das Heimweh. Und dann habe ich mich mit einer Flasche Whiskey in meinen Gazebo im Garten zurückgezogen und war irgendwann weg. Ich war einfach traurig und schwelgte in meinen Erinnerungen. Bis meine Frau eines Tages zu mir meinte: „Reinhold, jetzt können wir das alleine." Seither schmückt Endang jedes Jahr einen wunderschönen Tannenbaum mit Geschenken drunter – wie zu Hause in Hamburg. Meine Kinder kommen mit den Enkelkindern zu uns nach Sanur. Wir ziehen uns alle schön an und sitzen zusammen am großen runden Tisch und haben ein Festessen: Ente, Rotkohl, Soße und Petersilienkartoffeln. Dazu hören deutsche Weihnachtsmusik. Unsere Tochter Nicole spiel kurz auf dem Klavier. Danach gibt es Bescherung wie früher bei meinen Eltern – aber ohne Einschlafen. Anschließend gehen wir in die Kirche. Das ist nun schon seit Jahren unser Heiligabend auf Bali. Einen echten Tannenbaum haben wir allerdings nicht, unser ist aus Plastik. Man sieht auf Bali vereinzelt Tannenbäume zu Weihnachten. Einige Europäer stellen diese auf, da die Indonesier das so nicht kennen. In den letzten Jahren stellen jedoch die großen Kaufhäuser vermehrt Tannenbäume als Dekoration auf. Wir sind hier bei den Moslems und Hindus, da gelten natürlich andere Rituale und andere Traditionen.

Zu Weihnachten fällt mir eine weitere kleine Geschichte ein. Als wir uns auf Bali selbstständig machten, hatten wir ein schönes großes Haus und ein Auto. Ich hatte eine tolle Frau, zwei kleine Kinder, eine Hausangestellte, aber… kein Geld. Und dann stand Weihnachten vor der Tür. Was machen wir? Um großartig Weihnachten zu feiern hatten wir kein Geld. Viele Geschenke konnten wir nicht kaufen. Da hat meine Frau leere Kartons in Weihnachtspapier eingepackt und unter den Tannenbaum gestellt. Ehrlich! Da habe ich zu ihr gesagt: „Lass mal gut sein, mein Schatz, wir gehen irgendwo zum Essen. So jetzt zu Hause sitzen, das kann ich nicht." Im Bali Beach Hotel gab es ein Restaurant, das nannte sich Swiss Restaurant. Die hatten dort Schnee an die Fenster gesprüht und Weihnachtssterne drangeklebt. Das sah alles sehr weihnachtlich, sehr schön aus. Der Chef hieß Rudi Volkmann, ein großer Schweizer. Wir waren ein bisschen befreundet, allerdings war er kein großer Kunde von uns. Okay, das Restaurant bot damals ein Festmenü an, aber man konnte auch à la carte essen. Also habe ich beschlossen, dass wir mit der ganzen Familie dort à la carte essen. Wir haben uns alle schön angezogen und sind ins Swiss Restaurant gefahren. Wir bekamen einen Tisch zugewiesen und wir suchten etwas Günstiges aus der Karte aus. Ich glaube, ich hatte eine Suppe vorweg bestellt. Und dann kam das Essen. Ich war etwas verwirrt. „Ist das die Suppe, die ich bestellt habe?", fragte ich die Kellnerin. Einen Augenblick später wurde Eiscreme als Zwischengang serviert. „Was ist das?", fragten wir uns alle. „Was passiert hier eigentlich?" Der Abend entwickelte sich so, dass wir das gesamte Festmenü serviert bekamen, mit Ente und allem Drumunddran. Da habe ich ganz leise zu meiner Frau gesagt: „Wie können wir das bezahlen? Das Geld habe ich gar nicht. Wie soll das hier gehen?" Schließlich kam ich auf die glorreiche Idee: Ich unter-

„Sie haben keine Rechnung...
Fröhliche Weihnachten!"

schreibe einfach die Rechnung und dann können die das bei der nächsten Lieferung gegenrechnen. Ein paar Kleinigkeiten hatte das Hotel als Kunde immer abgenommen. Also habe ich irgendwann die Rechnung bestellt – die kam aber nicht. Ich dachte nur: Na Mahlzeit, das wird hier eng. „Entschuldigung, Sie wollten mir die Rechnung bringen", habe ich noch einmal nachgefasst. „Ja, Herr Jantzen", hieß es nur. Wieder passierte nichts. Da wurde mir das zu bunt und ich habe noch einmal dringender gebeten: „Nun geben Sie mir doch endlich die Rechnung". „Nein" sagt die Kellnerin. „Sie haben keine Rechnung. Herr Volkmann hat schon unterschrieben. Ich soll Ihnen sagen: Fröhliche Weihnachten!" Mein Gott, das war ein so tolles Weihnachtsgeschenk. Wir waren alle so happy. Das habe ich Rudi nie vergessen.

Kapitel 14

Speedboat in Seenot

Während meiner ersten Projektjahre auf Bali bin ich einmal in Seenot geraten. Bei dem Fischerei-Projekt der GTZ und der FAO waren wir auf Pindang angesetzt. Das ist ein lokaler Fisch, der mit Salz und ein paar Zusätzen auf der Insel Nusa Lembongan produziert und länger haltbar gemacht wird. Dort sollte ich eines Tages zusammen mit einem Kollegen – Frank Dorgarten hieß der und stammte auch aus Deutschland – mit einem Boot übersetzen, um die Lage und Produktion zu inspizieren. Für die Überfahrt stellte man uns ein fünf Meter langes Speedboot zur Verfügung. Das Ding hatte hinten zwei große Außenbordmotoren hängen, die viel zu groß und uralt, aber angeblich generalüberholt waren. Bevor wir in See gestochen sind, habe ich zu unserem Projektleiter, der ein Kapitänspatent besaß, gesagt: „Ich brauche ein paar Seenotpistolen für den Notfall und Rettungsringe, da die Strömung auf dem Meer sehr stark ist." Da hat er nur geschmunzelt und meinte: „Na, Reinhold, nun mach' dir nicht gleich in die Hose. Das ist ja nicht weit." Und damit war die Sache abgelehnt. Okay, wir haben im Benoa-Hafen abgelegt und sind mit mächtig Tempo aufs offene Meer rausgedüst. Das machte richtig Spaß. Als wir fast die Hälfte der Strecke hinter uns hatten, verreckte uns der erste Motor. Den musste man noch mit einem Zugseil starten. Wir haben gezogen und gezogen, aber das Scheißding gab keinen Mucks mehr von sich. Aber das war kein Problem, wir hatten ja noch einen zweiten Motor an Bord. Also haben wir den zweiten Motor gestartet und der lief auch, so dass wir weiterfahren konnten. Leider nur ein kurzes Stück, dann war auch dieser Motor im Eimer. „Was ist denn hier los", fing ich an zu schimpfen. Ich hatte echt einen dicken Hals. Ich war verdammt ungehalten und wurde richtig unruhig, da meine Frau hochschwanger zu Hause lag.

Ein Unglück kommt bekanntlich selten allein. Wir dümpelten mitten auf See und es zog eine Schlechtwetterfront auf. Das Boot fing an zu schaukeln und zu wippen und der Kollege Frank wurde seekrank. Der lag nur noch am Boden und würgte und war nur ein Häufchen Elend. Den konntest du total vergessen. Ich habe zwei leere Benzinkanister genommen und jeweils einen an seinen Armen festgebunden. Frank guckte mich ganz blöd an. Worauf ich ihm mein geniales Sicherheitskonzept erklärte: "Wenn du über Bord fällst, kann ich dir nicht helfen. Ich kann nicht hinterherspringen. Okay?! Mit diesen Dingern gehst du aber nicht unter." Dann habe ich mich vorne ans Schiff gestellt und mit einem Schlüs-

*Unentwegt habe ich draufgekloppt:
Ding, ding, ding, ding, ding.*

sel auf eine Art Blechwanne draufgeschlagen, die so groß wie ein Autoreifen war. Unentwegt habe ich draufgekloppt: Ding, ding, ding, ding, ding. Irgendwie musste ich auf uns aufmerksam machen. Zum Glück hatte ich ein Bisschen zum Trinken mit an Boot genommen. Mittlerweile wurde es dunkel und wir dümpelten immer noch fernab von jedem Hafen mitten auf dem Meer. An Land wurde man ebenfalls unruhig, da wir längst überfällig waren. Die Projektleilung war inzwischen über unser Verschwinden benachrichtigt worden und es wurde der Notfall ausgerufen. Ein Rettungsteam berechnete, wo wir mit der Strömung hingetrieben sein könnten. Und dann haben sie angefangen, uns mit Scheinwerfern und Booten zu suchen. Wir waren aber gar nicht abgetrieben. Die Strömung hatte uns nicht vom Fleck weggezogen, wir schaukelten quasi auf der gleichen Stelle und das Boot ging nur rauf und runter mit der Strömung. Ich konnte die ganze Zeit das Hotel Bali Beach ganz klein und ganz hinten in der Ferne erkennen. Aber ich konnte es immer nur sehen und nicht erreichen. Eine Scheißsituation. Und dann dauerte das auch noch so verdammt lange. Wir waren die ganze Nacht vermisst – insgesamt 34 Stunden lang.

Irgendwann kam so ein „PENISI"-Schiff vorbei. Das war ein Segler von diesen *Bugis People*, vor denen eigentlich alle Leute auf Bali Angst haben. Doch wir wollten gerettet werden und endlich an Land. Also wurden wir mit etwas mulmigen Gefühlen an Bord genommen. Irgendeiner von der Besatzung hatte sofort meine Armbanduhr im Visier. Der wusste, was die wert war. Ich habe nicht lange überlegt, sondern ich habe die Armbanduhr abgenommen und gesagt: „Hier hast du sie." Das waren keine Piraten, aber dennoch raue Burschen. *Bugis People* werden sie genannt und die sind sehr bekannt und gefürchtet. Temperamentvolle, aufgekratzte und keineswegs zimperliche Typen. „Mensch, und wie geht's nun weiter?", habe ich gedacht. Da waren wir in der Nähe von Padang Bai, einem Hafen an der Ostküste von Bali, von dem auch der Fährverkehr auf die Nachbarinsel Lombok verläuft. Plötzlich tauchte neben dem Segler ein Fischer mit seinem Auslegerboot auf. Frank und ich haben ihm zugewunken und gerufen: „Hallo, hallo, hallo!" Der wollte aber nicht ans Boot rankommen, weil er mit den Leuten nichts zu tun haben wollte. Da habe ich ihn spontan auf Englisch angesprochen: „Hallo, do you speak English?" Die Antwort kam direkt zurück: „Yes, I speak English." Ich plapperte völlig aufgeregt weiter: „Please, we need help, please we need help. We want to go to the harbor. We want to go to Padang Bai. Can you bring us there?" „Who are you?", wollte der Fischer wissen. „We are Germans", wiederholte ich ein Dutzendmal. „We are Germans." „From where?", wollte er wissen. „From Sanur", schrie ich zu ihm rüber. „You are from Sanur?", hakte er etwas skeptisch nach. „Who do you know in Sanur? I am from the Bali Beach. Whom you know from the Bali Beach Hotel?" Da fiel mir der Name Dr. Stahlhacke ein. Oh, das war's, den kannte er vom Bali Beach Hotel und so rief er uns zu: „Okay, you jump over board." Man glaubt gar nicht, wie schnell wir beiden Deutschen ins Wasser gesprungen sind und zu dem Auslegerboot herübergeschwommen sind. Der Fischer hat uns aufgefischt und zum Hafen gefahren. Die *Bugis People* staunten nicht schlecht. Aber die verstanden ja auch kein Wort, da ich mich mit ihnen weder auf Balinesisch noch Englisch unterhalten konnte. Dann waren wir weg. Okay, aber dafür haben die *Bugis People* halt unser Boot behalten. Im Hafen wurden wir freudig begrüßt. Oh Gott, oh Gott, alles gesund? Die Polizei wollte sofort einen Bericht haben. Das habe ich abgewimmelt: „Kein Bericht! Ich will nur eins, ich will nach Hause. Berichte können wir später machen. Jetzt nicht!" Und dann haben sie uns nach Hause gebracht. Als ich ursprünglich aus Benoa losfuhr, hatte ich meinem indonesischen Kollegen ganz genaue Instruktionen gegeben: „Du fährst vorweg mit dem Auto nach Padang Bai. Dort wartest du auf uns bis wir ankommen. Dann rufst du im Projekt an, dass wir angekommen sind. Wenn nicht, dann musst du Alarm schlagen, damit nach uns gesucht wird. „Ja, ja", hatte er nur geantwortet. Doch er hatte gar nichts gemacht. Was er hingegen gemacht hatte? Er war zu meiner Frau nach Sanur gefahren und hatte sie gefragt: „Wo ist Ihr Mann?" Da hat meine Frau gesagt: „Wenn Sie das nicht wissen, woher soll ich das wissen!?" So fing die ganze Sache an. Bis endlich etwas passierte, da war es schon später Nachmittag. Und da hat die Projektleitung verkündet, dass in der späten Nacht überhaupt nichts zu machen wären. Also haben sie erst am nächsten Morgen ein Flugzeug gestartet, das uns suchen sollte. Das werde ich nie vergessen. Mit einer einmotorigen Maschine sind sie über uns hinweggeflogen und haben uns nicht gesehen. Vielleicht wollten sie uns auch gar nicht sehen, weil sie so viel Spaß am Fliegen hatten. Ha ha ha…

Ich war vorher schon einmal in Seenot. Das war auch während eines Fischerei-Projekts, allerdings war ich da noch im Semarang-Projekt. Wir waren mit einem deutschen Forschungsschiff unterwegs. Wenn man beim Fischen ein Netz hinter dem Schiff herzieht, das spricht man vom *trawling*. Wenn man das Netz einholen will, dann zieht man's hoch, wobei das Schiff ein bisschen in den Rückwärtsgang manövriert wird, damit man das Netz entsprechend hochziehen kann. Aber nur ein kleines bisschen in den Rückwärtsgang. Und das hat der deutsche Kapitän damals seinen indonesischen Kollegen machen lassen. Leider hat der nicht aufgepasst und so hatte sich das Netz plötzlich in der Schraube verfangen. Und wenn das Netz in der Schiffsschraube hängt,

*„Noch ein paar Grad mehr
Neigung und wir kippen um."*

dann ist das Schiff quasi manövrierunfähig, also zu gut Deutsch lahmgelegt. Bei schlechten Wetter hast du dann richtige Probleme. Wir hingen fest zwischen Java und Kalimantan, etwa auf der Höhe der Provinzhauptstadt Banjarmasin. Dort gibt es viele Untiefen im Meer und das Wasser ist teilweise ganz flach. Unser Forschungsschiff war ein großes Holzschiff, das sehr kopflastig hoch gebaut war. Bei starkem Wind lag das Schiff sofort schräg über dem Meer und mit dem Seegang schaukelte es hoch und runter und schlug mit dem Rumpf auf den flachen Meeresboden. Bumm! Bumm! Bumm! Die Indonesier an Bord waren alle seekrank, nur der Kapitän und ich nicht. Der Kapitän war natürlich sehr aufgeregt und meinte: „Noch ein paar Grad mehr Neigung und wir kippen um." Seine Worte wirkten in jener prekären Situation richtig beruhigend. Glücklicherweise hatte er SOS funken lassen und nach einiger Zeit kam endlich ein Küstenschiff in Sicht. Das hat uns nach Bangarmasin in den Hafen geschleppt. Mein Gott, war ich froh, als ich endlich wieder festen Boden unter den Füßen hatte.

Kapitel 15

Der Trick mit dem Ölfass

Als mein Job für das Fischerei-Projekt der GTZ und der FAO auslief, da wollte ich nicht zurück nach Deutschland. Meine Frau und ich waren am Überlegen und ich dachte mir, mit einer indonesischen Frau wäre es vielleicht in Neuseeland oder Kanada sehr gut. Für meinen damaligen ehemaligen indonesischen Projekt-Obersten aus Jakarta sollte ich eine Konservenfabrik planen und aufstellen. Das zerplatze aber plötzlich von einem Tag zum anderen. Ich wollte aber eigentlich auf Bali bleiben und etwas Neues für mich und meine Familie aufbauen. Das war aber alles nicht so einfach. Ich war Ausländer und meine Aufenthaltsgenehmigung lief aus, da mein Vertrag mit der GTZ beendet war. Nun gut, ich hatte immer sehr viel Glück. Als ich mich mit zwanzig Jahren in Hamburg mit meinem Fischhandel selbstständig machte, da lief es sofort gut. 1985 auf

Bali war ich nun aber schon 45 Jahre alt. Die Situation war schwierig, als Ausländer konnte man nicht so einfach ein eigenes Geschäft starten. Ich war hundertprozentig abhängig von meiner Frau Endang. Man muss sich das mal überlegen, all die folgenden Jahre war ich von ihr total abhängig. Okay, wir beide hatten damit keine Probleme. Doch was habe ich für horrende Geschichten von deutschen Männern gehört, die später zu mir ins Konsulat kamen. Deutsche Männer, die mit einer Indonesierin verheiratet waren und die nach einiger Zeit ganz eiskalt abserviert worden sind. Ich habe dazu eine ganz klare Meinung: Wenn man eine Frau heiratet – egal ob sie arm oder reich ist, was auch immer –, das spielt keine Rolle. Wichtig ist: Aus welcher Familie kommt sie? Wie ist die Familie? Sie muss nicht reich und vermögend sein, aber die Familie muss intakt sein. Wenn die Familie harmonisch ist und einen guten Eindruck vermittelt, dann ist die Sache ganz vielversprechend. Wenn das Familienleben allerdings keinen guten Eindruck hinterlässt, dann sollte man die Finger von der Frau lassen.

Meine Frau Endang kommt aus einem alten Königshaus von Java. Der Vater ihrer Tante war General Jaki Kisumo. Nachdem ich zum Konsul ernannt worden war, erhielten wir eine Einladung vom Gouverneur von Bali. Der Empfang mit hochrangigen Persönlichkeiten des Landes fand in einem großen Saal des Gouverneurspalastes statt und fast alle anwesenden Gäste waren in Uniform. Ich versuchte, mit den Leuten Kontakt aufzunehmen, zu reden und so. Einer sprach mich an, wer ich denn sei. Ich stellte mich als der neue deutsche Honorarkonsul von Bali vor. Nach einem kurzen Seitenblick fragte er: „Und wer ist das?" Ich antwortete höflich: „Das ist meine Frau." „Ach, das ist Deine Frau? Aber wer ist das denn? Aus welcher Familie stammt sie?", wollte er wissen. Worauf ich sagte: „Oh, das ist die Familie vom General Jaki Kisumo." „Was?", stutzte er etwas verunsichert. „Wirklich von dem Jaki Kisumo?" Damit war das Gespräch zu Ende und der Mann verschwand in der Menge. Einige Wochen später bei einem anderen Anlass kam genau dieser Mann wieder auf mich zu und fragte: „Wo ist Deine Frau?" Ich fragte ihn: „Wieso? Warum?" „Ja", meinte er, „ich möchte gerne mit ihr reden." Also habe ich meine Frau Endang zu uns in die Runde gebeten. Die beiden haben länger auf Javanisch miteinander gesprochen und seit der Zeit war ich in jenen Kreisen akzeptiert. Das hat mir im Laufe meiner Jahre als Honorarkonsul wie auch als Unternehmer auf Bali schon geholfen.

Nun gut, der Anfang war dennoch schwer. Aber ich hatte Ideen und war mir für keine Arbeit zu schade. Ich kannte mich mit Fisch aus und überlegte, was ich in dieser Richtung auf eigene Faust als Geschäftsidee entwickeln konnte. Die zündende Idee war klein und kurios, aber sie war originell. So habe ich zunächst roten und weißen Heringssalat bei uns in der Garage selber hergestellt. Das sorgte schon für etwas Aufsehen und das Geschnatter der lokalen Geschäftsleute war nicht zu überhören: Wie kann der mit rotem und weißem Heringssalat ein Geschäft auf Bali anfangen? Wenn ich mir das heute überlege, so war das auch ganz schön verrückt. Aber Anfang der 1980er-Jahre war das genau richtig, die perfekte Idee

Das war der Trick...
Alles imitierte Ware.

– sonst hätte nie ein Mensch über mich gesprochen. Und ich wäre nie mit den Leuten ins Gespräch gekommen. Man hätte mich einfach untergebuttert. Aber so kamen einige Leute auf mich zu und probierten meine Heringssalate, Rollmöpse und so weiter. Das Lob blieb nicht aus, was mich natürlich ermunterte weiterzumachen. Ohne diesen Zuspruch hätte ich das gewiss nicht weitergemacht. Wer weiß, wo ich dann gelandet wäre. Wieder als Angestellter der GTZ? Ich stellte meine ersten Salate her, als ich noch für die GTZ arbeitete. Das habe ich nebenbei abends oder am Wochenende gemacht. Der Trick an der Sache war, Sardinen oder Ölsardinen als Grundstoff so zuzubereiten wie einen Hering. Das war der Trick. So konnte ich auch Bismarckheringe und Rollmöpse und Heringssalate und Bratrollmöpse und sogar Matjesfilets herstellen. Alles imitierte Ware.

Eines Tages waren wir auf einer Ausstellung in der Convention Hall in Jakarta. Wir hatten von der indonesischen Regierung und dem Fischerei-Ministerium den Auftrag erhalten, für die Veranstaltung ein Büfett vorzubereiten. Am Abend zuvor waren wir noch auf Wunsch meiner Frau in Semarang gewesen. Wir sind am nächsten Morgen nach Jakarta weitergefahren und haben dort das Buffet zusammen mit indonesischen Kollegen aufgebaut. Als alles schön fertig aufgebaut war, mussten meine Frau und ich von der Bildfläche verschwinden. Das war so zu der Zeit. Die Indonesier brachten sich dann in Position und haben das Büfett mehr oder weniger als ihres präsentiert. Wir durften nur alles vorbereiten und alles fertigmachen und dann konnten wir verschwinden. Und das haben wir gemacht und sind ins Hotel zurückgegangen.

Ich stand gerade unter der Dusche, als wir einen Anruf aufs Zimmer bekamen: „Herr Jantzen, Sie müssen sofort kommen. Wir schicken einen Wagen, wir schicken einen Transport. Also bitte sofort zur Convention Hall kommen." Naja, ich habe mich schnell abgetrocknet, rein in die Klamotten und zurück zur Ausstellung. Als wir in die große Halle reinkamen, wurden wir zur Frau des Präsidenten gebracht. Und die meinte: „Ach, Sie sind das. Ja, dann kommen Sie mal mit." Als wir mit der First Lady an unserem Stand eintrafen, da schauten meine indonesischen Kollegen recht verdattert aus der Wäsche. Die wussten gar nicht, was sie machen oder wie sie sich verhalten sollten. Und dann fragte die Frau Präsidentin mich: „Sagen Sie mir mal, wann haben Sie das denn importiert?" Ich antwortete ganz höflich: „Nein, das habe ich nicht importiert." „Das gibt es doch nicht", meinte sie leicht empört, „das esse ich

***Kein Indonesier wäre auf
diese Idee gekommen.***

immer, wenn ich in Holland bin. Das kenne ich alles. Das haben Sie alles hier gemacht?" „Ja", meinte ich, „hier in Semarang." „Womit haben Sie das gemacht?", wollte sie wissen. „Ja, aus Sardinen", antwortete ich und erklärte ihr mein Rezept in kurzen Zügen. Als ich fertig war, sagte sie nur kurz und knapp: „50 Prozent von allem hier einpacken und in den Palast schicken."

Ich habe damals nicht nur Sardinen verzaubert, ich konnte noch mehr: Aus einer Makrelenart habe ich Lachs gemacht. Die Filets wurde gepökelt und zubereitet und eingefärbt. Wie ein richtiger Räucherlachs sahen die aus. Ich habe natürlich nur zugelassene Lebensmittelfarbstoffe verwendet. Dadurch hatte der Fisch außen eine richtig schöne Ansicht und sah ein bisschen aus wie ein echter Lachs. Bloß

Meine ersten selbstgemachten Fisch-Waren. Was man so alles mit einer Räuchertonne in einer kleinen Garage zaubern kann. Lecker!

wenn man ihn aufschnitt, dann war er innen grauweiß. Aber dieser „Lachs" schmeckte, der schmeckte richtig gut. Und den habe ich Bali Salmon genannt. Diesen „Lachs" haben sie sogar öfters vom Regierungspalast aus bestellt. Da gab es einen Minister für Tourismus, Jupp Afe, der liebte diese Sachen. Nun gut, der war ein halber Holländer und fand deshalb Geschmack daran. Er hat auch aus eigenen Stücken viel Reklame und Promotion für unseren „Lachs" und für unsere Firma gemacht. So kam ich mehr und mehr ins Gespräch.

Meinen Bali Salmon habe ich recht lange hergestellt. Angefangen bin ich mit einer Räuchertonne in der Garage. Kein Indonesier wäre auf diese Idee gekommen. Ich habe bei einem großen Ölfass den Deckel und den Boden rausgeschlagen und das präparierte Fass auf ein paar Mauersteine gestellt. Die Fische wurden an einen Draht gehängt, den ich im Inneren gespannt hatte. Darunter wurde ein Feuer mit Kokosnussfasern entzündet. Wenn der Lachs etwas mehr Farbe haben sollte, dann habe ich ein bisschen Zucker drübergestreut gestreut und die Räuchertonne mit einem nassen Sack abgehängt. So simpel bin ich angefangen, meinen Räucherfisch zu machen. Später, als ich schon ein bisschen Umsatz hatte, konnte ich mir einen Altonaer Räucherofen bauen lassen. Da wurde der Fisch noch viel besser. Ich habe dann in vier oder fünf umgebauten Ölfässern Räucherfisch hergestellt und habe damit ausgewählte internationale Hotels auf Bali beliefert. Zu anfangs habe ich die Ware selbst mit dem Motorrad ausgeliefert. Die Kühltasche mit dem Fisch kam hinten auf den Gepäckträger oder zwischen meine Beine, je nachdem wie viel Räucherfisch ich ausliefern musste. Die Räucherei war übrigens nicht ungefährlich. Manchmal bin ich fast ohnmächtig geworden von dem ganzen Qualm. Ständig kriegte ich keine Luft mehr. Aber ich hab's ja überlebt.

Kapitel 16

Fischwürste und Oktoberfeste

Wie bereits kurz erwähnt bin ich mit meinen eigenen kleinen Geschäftsideen auf Bali in unserem Haus in Sanur angefangen, wo sich noch heute das Konsulat befindet. Und zwar in der Garage. Es war das erste Haus, das wir auf Bali gebaut haben. Dort wohnen wir bis heute. Die Garage hatten wir ausgebaut und in den kärglichen Räumlichkeiten habe ich anfangs mit meinen ersten Ideen experimentiert. Dort in der kargen Garage habe ich quasi mein eigenes Geschäft gestartet.

Als das erste Nusa-Dua-Beach-Hotel eröffnete, habe ich zur gleichen Zeit meine damalige erste Firma gegründet. Der Hotel-Exekutive-Chef war ein guter Freund von mir, Robert Beck. Er hat mir zu Anfang sehr geholfen. Ich habe ja alles versucht. Meine Experimente mit den Heringssalaten und den imitierten Lachs-Produkten waren mir recht gut geglückt. Und sie brachten auch erste Einnahmen. Aber es langte nicht zum Leben und war etwas zu viel um zu verhungern. Ich musste zusätzlich mit Fleisch anfangen.

Aber um ehrlich zu sein, ich bin kein Schlachter. Insofern hatte ich damals von Wurstwaren kaum Ahnung. Ganz ehrlich! Das musste ich mir alles anlesen. Und so kam ich anfangs auf die glorreiche Idee, Fischwürste herzustellen. Also habe ich rumgebastelt und irgendwann hatte ich endlich diese Fischwürste fertig. Da meinte Robert Beck zu mir: „Okay, ich kaufe dir welche ab." Und so hat er ca. 50 Kilo Fischwürste von mir gekauft. Nachdem ich die Ware geliefert hatte, rief er mich an und sagte: „Reinhold, kroladu." Mein Gott, das bedeutet in der Fachsprache: scheißen. Und das hieß in meinem speziellen Fall, dass die Würste vorne und hinten offen waren und die Wurstmasse aus dem Darm rausdrückte. Die Würste schis... Große Schei... . Robert war fair und meinte zu mir: „Reinhold, ich weiß, Du kannst diese Würste nicht zurücknehmen. Ich weiß das und ich will dir trotzdem helfen. Ich mache einfach kleine Fischbällchen daraus und verkaufe so Deine Fischwürste als Bakso in der Kantine." Das werde ich ihm niemals vergessen.

Nun gut, Fischwürste klingt natürlich erst einmal sehr merkwürdig, aber ich kam halt aus der Fischbranche. Ich hatte mich daran erinnert, dass man nach dem Krieg zuhause Fischwürstchen hergestellt hatte. Alles war einen Versuch wert. So habe ich auch Mayonnaise gemacht. Ich hatte keine Ahnung, wie man Mayonnaise industriell herstellt. Ich habe einige Bücher gelesen und mir daraus das Rezept und die Herstellung rausgefischt. Damals kam ich auf die Idee mit Maizena. In einigen Büchern hatte ich gelesen, dass die Mayonnaise in Deutschland nach dem Krieg mit Maizena gestreckt wurde. Also habe ich angefangen, mit Maizena zu experimentieren. Ich habe ein bisschen Pudding gekocht, wie ich das in Büchern gelesen hatte. So habe ich meine eigene Salat-Mayonnaise hergestellt und in der Folge langsam immer mehr hinzugelernt. Später waren die Sachen so gut, dass meine Waren mit den importierten Produkten auf Bali konkurrieren konnten.

  Ich habe immer eine Menge von etwa 30 Kilogramm Mayonnaise hergestellt, die ich dann verkauft habe. Alles selber und alleine gerührt. Ich musste das sehr vorsichtig machen, weil man bei der Herstellung sehr aufpassen musste. Wenn man schluderte, dann bildeten sich kleine Klumpen in der Mayonnaise. Es gab aber noch andere Schwierigkeiten und Probleme, die viel weitreichender waren. Einige lokale Firmen aus der Fleischverarbeitung wollten mich vom Markt verdrängen. Der Konkurrenzneid wurde immer stärker, weil der Bedarf durch den Tourismus immer größer wurde und der Absatz anstieg. Die Konkurrenten wurden wachsam, aber auch hinterlistig, und bereiteten mir so mehr und mehr Schwierigkeiten. Von einem Tag auf den anderen stand in der Zeitung, dass die Produkte meiner Firma mit Cholera und Typhus verseucht wären. Völliger Quatsch! Ich war der Erste, der in Indonesien die Mayonnaise industriell hergestellt hat, die vorher immer importiert wurde. Unser größter Kunde war die Garuda Airline. Der Manager konfrontierte mich eines Tages mit dem Vorwurf, meine Mayonnaise wäre mit Cholera-Bakterien infiziert und wahrscheinlich stecke das Zeug in all meinen Produkten. Ich bin natürlich zu meinen Kunden gegangen und habe jedem versichert, dass die Mayonnaise völlig in Ordnung wäre und alles andere gelogen wäre. Alles Quatsch! Mayonnaise ist bei der Herstellung das anfälligste Produkt für Bakterien. Wenn man Mayonnaise im Betrieb produziert und die Mayonnaise ist in Ordnung, dann ist meist der ganze Betrieb in Ordnung. Der Exekutive-Chef der Garuda Airline hat laufend Muster von den von uns gelieferten Waren genommen und hat sie für bakterielle Untersuchungen in Labors geschickt. Alle meine Produkte waren bis dahin immer okay gewesen. Also war der Vorwurf völlig unverständlich. Man hatte die Nachricht schlichtweg nur aus einem Zeitungsartikel übernommen. Meine Frau hat letztendlich denjenigen ausfindig gemacht, der die Falschmeldung in der Zeitung zu verantworten hatte und hat ihn zur Rede gestellt. Der Mann hat meine Frau angeschaut und nur gesagt: „Frau Jantzen, ich kann doch nicht alle Briefe lesen, die ich unterschreibe." So wurde eben damals in Indonesien gearbeitet und Geschäfte gemacht.

Ich habe diese spezielle Salatcreme selber hergestellt und an die Garuda Airline geliefert. Leider hatte ich nicht die entsprechenden Maschinen, sondern nur eine einfache, kleinere „Stefan UM25"-Maschine. Da drehte sich unten ein Messer oder eine Rührklinge und oben befand sich ein großes Flügelrad, das man mit der Hand drehen musste. Die Ma-

Ich konnte die Maschine nur im ersten Gang laufen lassen. Mehr ging nicht.

schine hatte eine Startstufe, eine erste Stufe und einen Schnellgang. Im Schnellgang drehte sich alles unheimlich schnell und die Maschine zerkleinerte oder vermengte sehr gut. Nur hatten wir damals leider nicht genügend elektrischen Strom für einen optimalen Betrieb. Ich konnte die Maschine nur im ersten Gang laufen lassen. Mehr ging nicht, sonst flog ständig die Sicherung raus. Was sollte ich machen?

Also habe ich die Maschine einfach möglichst schnell mit der eigenen Hand gedreht. Einer, der mir später sehr geholfen hat, war Jürgen Fischer. Er war F&B-Manager im Pertamina-Hotel am Flughafen Denpasar. Ich präsentierte ihm meine Gläser mit Rollmops und mit meinem roten und weißen Heringssalat. Er hat sich die Ware aufmerksam angeschaut und meinte: „Reinhold, ich würde Dir das furchtbar gerne abkaufen, aber ich kann es nicht. Bei uns macht den Einkauf mein Generalmanager. Ich kann Dir nicht helfen. Tut mir leid!" Wir sind dennoch Freunde geworden und später war Jürgen einer von meinen besten Kunden.

Die Aryaduta-Hotelkette hatte mehr als fünfzehn Hotels in Indonesien, die später jeden Tag von uns beliefert wurden. Wir haben dann 1985, nachdem unsere Niederlassungen in Jakarta, Surabaya und Yogyakarta eröffnet waren, einen Deal gemacht: „Wenn Ihr jeden Tag von uns kauft und wir einen Jahresvertrag machen, dann sponsern wir euer Oktoberfest mit Fleisch- und Wurstwaren." Da hat Jürgen mich etwas skeptisch angeschaut und meinte: „Reinhold, sei vorsichtig, das Fest läuft über zwei Abende und es kommen jeden Abend rund 500 Leute zusammen." Der Festsaal war jeden Abend gerammelt voll! Ich habe alles durchgerechnet und schließlich gesagt: „Okay, das machen wir!" Es war ein sehr guter Deal, denn da stand in dicken Buchstaben auf den großen Bannern und Plakaten: Sponsered by Daimler-Benz, Siemens, Mama's und Lufthansa. Wir waren richtig stolz, denn wir wurden in einem Atemzug mit weltbekannten Unternehmen genannt. Bei den Eröffnungen der Oktoberfeste wurden meine Frau und ich nach vorne aufs Podium gerufen. Das war eine super Promotion, aber dafür haben wir auch viel Geld bezahlt. Wir haben alle Fleisch- und Wurstwaren für das Oktoberfest gesponsert. Kosten-

> *Das habe ich abgelehnt. Ich hatte andere Sachen im Kopf.*

los! Das Oktoberfest in Jakarta ist eine Institution, die von der Lufthansa ins Leben gerufen wurde und alljährlich organisiert wird. Da kamen nicht nur Deutsche hin, die meisten Gäste stammten aus allen großen und internationalen Firmen vor Ort. Die Firmen haben Tickets gekauft und mussten diese schon ein Jahr im Voraus buchen. Plötzlich sprachen uns die Shopping-Center in der Stadt an und wollten ebenfalls ein Oktoberfest machen. Das habe ich abgelehnt. Ich hatte andere Sachen im Kopf. Da ist meine Frau Endang eingesprungen. Seither wickelt Endang die Oktoberfeste in den Shopping-Centern ab.

Die Center erstellen die Dekoration, wir organisieren und liefern das Catering. So haben wir in Jakarta vier Oktoberfeste pro Jahr in drei Shopping-Center gemacht. Da kommen jeden Abend auch 300 bis 400 Gäste zusammen. Natürlich spielt dort auch eine Kapelle. Früher verpflichtete ein Shopping-Center eine Band noch selbst, doch zuletzt haben wir die Kapelle gestellt. Das waren Bekannte von uns aus Bayern:

Nicht nur in unserem Restaurant in Kuta sorgten unsere bayerischen Freunde von „Enzi's Blasband" beim jährlichen Oktoberfest für tolle Stimmung.

Enzi's Blasband. Das waren schon etwas ältere Herren plus Sängerin, aber eine sehr gute Blaskapelle. Die kamen gerne zu uns nach Bali und haben in unserem „Mama's German Restaurant" in Kuta und anschließend in Hotels aufgespielt. Kein Wunder: Wir haben alles für sie bezahlt: Flug, Unterbringung und

Mein ganzer Stolz: Meine drei Kinder Michael, Nicole und Robert (v.l.). Robert und Michael arbeiten seit vielen Jahren engagiert und verantwortungsvoll in unserer Firma mit und bestimmen mit neuen Ideen den Weg in die Zukunft unseres Unternehmens.

Verpflegung. Und Bier inklusive. Allerdings kein Schnaps! So ist bei unserem Geschäft eins zum anderen gekommen, was wir anfangs überhaupt nicht so geplant hatten. Das Geschäft mit den Oktoberfesten in den Shopping-Centern hätte ich nicht angenommen, aber da kam halt meine Frau ins Spiel. Wenn ich in unserer Firma einen Schritt zurückgehe, dann springt meine Frau ein. Ich gehe heute einen Schritt aus Altersgründen zurück, um weniger zu machen und mehr Zeit für mich und für meine Frau und Familie zu haben. Aber meine Frau springt ein und füllt das Loch. Das macht ein gutes Team aus. Wir sind ein gutes Team! Wir besprechen alles. Ausnahmslos. Auf meinem Rückzug haben wir das große Glück, das unsere beiden Söhne Robert und Michael so ausgesprochen gut ins Geschäft passen und beide sehr erfolgreich und zielstrebig sind. Beide arbeiten hervorragend und halten unseren Familienbetrieb aufrecht und erfolgreich auf Kurs. Stück für Stück übertrage ich die Verantwortung für unsere Firma auf sie.

Kapitel 17

Strohmänner und Kredithaie

Als wir unser Geschäft starteten, hatten wir kein Geld. Absolut leere Taschen! Ich bemühte mich auf allen erdenklichen Wegen und Ebenen, einen Kredit zu bekommen. Unser damaliger Nachbar war Bankmanager und hatte uns versprochen: „Wenn Ihr Euer Geschäft startet, dann werde ich Euch einen Kredit besorgen." Natürlich klappte das nicht. Damit standen wir auf dem Schlauch, nichts ging. Nach etlichen Bemühungen und Anfragen hatte ich endlich Erfolg bei einer Bank und wir bekamen einen Kredit gewährt. Meine Frau Endang unterstützte mich immer wieder mit Rat und animierte mich nicht aufzugeben. Ich war der erste Ausländer auf Bali, der einen Kredit von einer indonesischen Bank bekam. Die Verhandlungen waren sehr eigenwillig. Es gab in der Bank einen großen Raum, in dem rund 50 Leute saßen und warteten. Fast jeder wollte einen Kredit für ein neues Motorrad. Ein Motorrad ist in Indonesien das am meisten verbreitete Verkehrsmittel. Nur einige wenige Indonesier brauchten damals etwas Geld für andere Dinge und hinterlegten dafür die Papiere ihrer Motorräder als Sicherheit. Und da stand ich als einziger Ausländer mittendrin.

99

Als Bewohner von Indonesien ist es relativ einfach, einen Kredit zu bekommen. Doch bei uns war das damals anders und viel schwieriger, weil wir als Ehepaar halbe Ausländer waren. Das ging nicht. Es geht nicht darum, dass die Bankmanager uns nicht vertraut haben. Es läuft einfach anders als z. B. in Europa. Wenn du einen Kredit von einer Bank haben möchtest, dann musst du bestimmte Garantien vorweisen. Wenn etwas mit deinem Geschäft schiefläuft, dann möchte die Bank dagegen abgesichert sein. Wir hatten damals keine Sicherheiten anzubieten, also musste mein Bruder uns helfen."
[Endang]

Als wir unser Geschäft anfingen und dafür Töpfe und Pfannen kaufen mussten, um es salopp auszudrücken, da konnten wir alles nur mit Bargeld kaufen. Die Geschäfte gewährten uns keinen Kredit oder Rabatt, nur Bargeld zählte. Kein Geld, keine Ware!

Das war eine sehr schwierige Zeit. Wir hatten einen Freund, der versprach uns etwas Geld zu leihen. Darüber waren wir sehr froh und dankbar. Es ging um keine allzu große Summe. Er bestand auf einen Vertrag und ich musste diesen unterschreiben. Der Mann war knallhart in der Sache: „Wenn Du mir das Geld nicht zurückzahlen kannst, dann nehme ich Dir dafür dein Land weg." Natürlich wollte ich meinen Schulden zurückzahlen und nicht mein Land aufs Spiel setzen. Leider hatten wir große Schwierigkeiten, die Rückzahlung termingerecht einzuhalten. Eines Tages blickte ich nach draußen und dort sah ich, wie unser Freund, übrigens ein Schweizer, über unser Gelände schlenderte und sich alles, auch das Haus, genau anschaute. Ich öffnete die Tür und fragte ihn, was er da mache. „Ich wollte mir mal anschauen, wie ich einige Dinge verändern kann. Ich möchte zum Beispiel in dem Haus einen anderen Raum haben." Ich war ziemlich geschockt und verärgert. Wir waren Freunde und er versuchte, sich mein Haus unter den Nagel zu reißen.

Als Ausländer war man damals in Indonesien ein Exot. Und hatte wenig Rechte. Insofern mussten wir alle Geschäfte über den Namen meines Schwagers anmelden und laufen lassen. Ich war Ausländer und Endang war mit einem Ausländer verheiratet. Es war nicht einmal erlaubt, die Geschäfte unter Endangs Namen anzumelden. Wir konnten auch das

Land, das wir später erworben haben, nur auf den Namen meines Schwagers kaufen. Für einen Kreditantrag musste mein Schwager aus Semarang anreisen und das Gespräch mit dem Bankmanager führen. Er konnte meinen Landbesitz als Sicherheit anmelden. Er hat uns so lange geholfen, bis ich endlich die indonesische Staatsbürgerschaft erhielt. Von da an konnte ich meine eigenen Geschäfte unter meinem bzw. unseren Namen machen. Wir überweisen meinem Schwager als Dank für seine Hilfe immer noch jeden Monat etwas Geld. Einfach, um Dankeschön zu sagen.

Es ist heute immer noch schwierig für einen Ausländer, der mit einer Indonesierin verheiratet ist, in Indonesien offizielle Geschäfte zu machen bzw. eine eigene Firma zu gründen. Einige Anwälte sagen zwar, es gibt Wege, das zu regeln, aber das ist gesetzlich ab einer gewissen Größe nicht erlaubt. Aktuell ist die Situation für Menschen, die heute ein Geschäft aufmachen wollen, zumindest einfacher und die Gesetzeslage ist klar und eindeutig. Zu unserer Zeit war schlichtweg alles nicht erlaubt und wir mussten immer neue Wege finden, um etwas möglich zu machen. Heute ist die Gesetzeslage nicht unbedingt flexibler, aber es gibt zumindest eine gesetzliche Grundlage für Firmengründungen von Ausländern. Man kann Einsicht in die Gesetze und Paragrafen nehmen, anders als vor 30 Jahren. Ich habe das mal über die deutsche Botschaft untersuchen und klären lassen. Vor 30 Jahren bin ich hingegen ein großes Risiko eingegangen und war vollkommen abhängig von meinem Schwager und von meiner Frau. Ich besaß später recht viel, aber auf dem Papier nichts. Die andere Möglichkeit ist, dass ein indonesischer Geschäftspartner auf seinen Namen die Firma gründet. Man braucht dann immer die Arbeitserlaubnis von der Immigrationsbehörde und der indonesische Partner ist dann der Sponsor. Das ist der wunde Punkt, auf den man sein Geld investiert und seine Zukunft aufbaut. Man ist dann total abhängig von dieser Person.

99

Als Ausländer ist es nicht erlaubt, in Indonesien irgendwelche Besitztümer zu erwerben. Man kann aber Land oder Häuser auf Leibrente pachten."
[Endang]

Nun bekommt man aber auf eine Leibrente keinen Kredit bei der Bank. Wir kannten damals einen Banker, der uns einen Kredit geben wollte. Leider ging er bankrott. Das waren äußerst schwierige Zeiten für uns in den Anfangstagen. Meine Frau und ich haben 25 Jahre lang jeden Tag von Montag bis Sonntag gearbeitet, bis wir überhaupt das erste Mal richtigen Urlaub gemacht haben. Wir haben aber nie unsere

Träume verloren. Meine Frau und ich haben immer ganz fest an das geglaubt, was wir für unser gemeinsames Leben erreichen wollten und wo wir hinwollten. Wir haben immer an unseren Träumen festgehalten. Meine Frau Endang genauso wie ich.

99

Oh ja, wir haben immer an unsere Ideen und Träume geglaubt und haben diese konsequent verfolgt. Viele Leute mussten vielleicht nicht durch so schwierige Zeiten wie wir gehen, um zum Ziel zu kommen. Reinhold hatte aber große Schwierigkeiten, hier auf Bali eine Aufenthaltsgenehmigung zu erhalten. Wir haben das alles geregelt bekommen. Es war jedoch sehr schwierig, weil bestimmte Leute uns Steine in den Weg gelegt haben und nicht wollten, dass Reinhold indonesischer Staatsbürger wird. Das zweite Problem bestand darin, dass wir einen Partner für unser Geschäft brauchten. Wir hatten auch jemanden gefunden. Ein Indonesier, der viele Jahre in Deutschland studiert hatte. Wir glaubten, dass er dadurch wie ein Deutscher denken würde. Doch nach fünf Jahren ging die Beziehung in die Brüche."
[Endang]

Ich hatte die Chance, die Zulieferung mit Fisch für die Flughafen-Gastronomie zu bekommen. Dafür musste ich die Firma vergrößern. Also habe ich meinem damaligen Partner nahegelegt, dass wir expandieren müssten und neues Geld in die Firma stecken sollten. Darauf meinte er: „Nein!" Ich musste jedoch zwingend die Firma vergrößern, um das Flughafen-Catering entsprechend zuverlässig mit unseren Waren beliefern zu können. Außerdem musste die Firma größer aufgestellt werden, damit wir alle davon leben konnten. Mein Partner lehnte alle Vorschläge und Pläne ab. Daraufhin haben wir uns getrennt. Und Endang und ich standen nach fünf Jahren Arbeit mit leeren Händen da. Als wir aus dem Büro gingen, habe ich meinem Ex-Partner eine sanfte Drohung mit auf den Weg gegeben: „Mein lieber Freund, sei gewarnt. Ich komme wieder. Die Sache hier ist noch nicht beendet." Damals haben wir nur von unserem ersten „Mama's German Restaurant" leben können, das wir 1985 eröffnet hatten. Zum Glück konnten wir relativ schnell ein zweites Restaurant eröffnen. Endang arbeitete im Restaurant. Ich durfte dort nicht arbeiten, weil mir die entsprechenden Arbeitspapiere fehlten. Ich bin nur spätabends ins Restaurant gekommen und habe meine Frau abgeholt und nach Hause gefahren.

Wir sind dann ohne Fremdpartner als Namensgeber neu gestartet. Nur wir zwei und Endangs Bruder. Der Bruder steht noch heute in den Papieren. Früher habe ich alles selbst produziert. Es gab niemanden, der diese Art von Produkten in Bali auf dem Markt brachte. Da gab es nichts Dergleichen, diese Ware gab es nur als Import. Insofern war ich der Erste, der mit deutschen Produkten auf den balinesischen Markt kam. Doch ich konnte anfangs auch nicht alles. Ich war Lebensmitteltechniker, aber kein Schlachter. Ich kannte mich mit Fisch aus, aber das Verarbeiten von Fleisch musste ich erst lernen. So habe ich mich in alles reingefummelt. Tagsüber habe ich in unserer Garage meine Salate und Fischleckereien hergestellt. Als das Geschäft später lief, haben wir die Waren in unserer ersten Fabrik in Jimbanran produziert. Abends bin ich mit den Chefs und Einkäufern saufen gegangen, um sie davon zu überzeugen, dass sie alle meine Ware kaufen. Im frühen Morgengrauen stand ich wieder zuhause, wo mich meine Frau mit zwei kleinen Kindern an der Hand begrüßte. Das war mir keineswegs angenehm, das war eine verdammt schwere Zeit.

Ich hatte einen riesengroßen Kühlschrank mit sechs Türen in meinem Arbeitsraum, der ehemaligen Garage, stehen. Die Arbeitstische aus Aluminium habe ich alle selbst gebogen und nach meinen Vorstellungen errichtet. Dabei hat mir damals ein Deutscher geholfen. Bei uns in der Nähe gab es eine große Fleischwarenfabrik, die Corned Beef herstellten. Ich staunte nicht schlecht, denn die verarbeiteten dort die richtig guten Fleischstücke für ihr Corned Beef. Eigentlich war das viel zu gut dafür. Da habe ich angefragt, ob sie mir von diesem Fleisch etwas verkaufen würden. Kein Problem. Ich hatte natürlich eine neue Idee. Und zwar habe ich das Fleisch in meinem Kühlschrank ausgekühlt, vakuumiert und ge-aged und so wunderbare Steaks daraus gewonnen. Die waren wirklich wunderbar. So bin ich mit Fleisch angefangen. Als die Nachfrage stieg, musste ich meine tägliche Einkaufsmenge drastisch erhöhen. „Ich brauche heute 100 Kilo", meinte ich eines Tages beim nächsten Einkauf in der Fabrik. „Tut mir leid, nun haben wir leider kein Fleisch mehr für dich", hieß es völlig überraschend. Ich wollte wissen, was sich so plötzlich verändert hätte. „Jetzt machen wir das selbst", meinte der Geschäftsführer. Das war's. Da war auch dieses Geschäft wieder in die Hose gegangen. Und ich hatte wieder einmal andere Leute auf eine gute Geschäftsidee gebracht. Die hatten sich natürlich schlaugemacht, was ich mit dem ganzen Fleisch anstellen würde. Was macht der Jantzen bloß mit diesen ganzen Mengen Fleisch? Die waren richtig verunsichert und natürlich verdammt neugierig. Und dann haben sie sich gesagt: Das können wir auch selbst. Und schon haben sie ihre eigenen Steaks produziert. Die haben schlichtweg meine Idee geklaut, was in solchen Ländern nicht ungewöhnlich ist. Aber ich habe nicht aufgegeben. Im Gegenteil, ich habe immer weitergemacht.

Brigitte Lohmann-Wörner kennt das Stehvermögen ihres Freundes aus Deutschland. Sie hat die Startphase ins Fisch- und Fleischgeschäft auf Bali hautnah miterlebt: „Reinhold war damals noch nicht Honorarkonsul, sondern noch Projektmitglied bei der FAO, und zwar als Fischverarbeitungs-Experte. Es gab vor der indonesischen Küste eine bestimmte Heringsart, Tonkoi hießen diese Viecher, die geräuchert oder zu Heringssalat verarbeitet wurden. Es sollte ja irgendwie ein Entwicklungsprojekt sein für die Menschen dort unten vor Ort. Nach drei Jahren war das Projekt zu Ende. Wir sind für ein Jahr nach Deutschland zurückgegangen und haben dann erst das nächste Projekt in Lombok wieder mitgemacht. Reinhold ist hingegen auf Bali geblieben und hatte die Idee für ein Business, mit Räucherfisch die Hotels zu beliefern. Das lief aber sehr schleppend an und dieses Produkt wurde nicht so richtig akzeptiert. Es gab damals das große Problem, dass es auf Bali kein gealtertes Fleisch gab. Die Kuh wurde morgens um vier Uhr zum Markt gebracht, wurde dort geschlachtet und dann konnte man davon etwas kaufen. Doch das Zeug war so zäh, dass man das eigentlich kaum verwerten konnte. Damals hatte Reinhold die Idee, ein Kühlhaus zu bauen und dort Steaks altern zu lassen, um sie dann an die Hotels zu verkaufen. Das schlug ganz gut ein, aber er hatte auch sehr große Anfangsschwierigkeiten. Auf Bali leben bekanntlich überwiegend Hindus, die problemlos alle Fleischsorten essen. Allerdings findet immer eine feierliche Zeremonie vorher statt. Die Kühe sind ja heilig. Bei dieser Zeremonie werden die Götter befragt, ob es okay ist, dass man die Kühe schlachten und essen darf."

In der Startphase meiner kleinen Fleischproduktion habe ich in Kuta vier bis sechs Steaks auf Bestellung mit dem Motorrad ausgeliefert. Meine Frau hat damals geweint und zu mir gesagt: „Du verbrauchst ja mehr Benzin als was Du mit den Steaks verdienst." Da habe ich ihr geantwortet: „Stimmt, aber ich gehe auf dem Hin- und Rückweg in andere Restaurants rein und versuche dort, weitere Aufträge zu akquirieren." So bin ich angefangen. Das war beinhartes Klinkenputzen. Und wenn ich nicht noch abends mit den Chefs einen saufen gegangen wäre, hätte ich überhaupt nichts verkauft.

Wir haben heute zwei hochmoderne Fabriken für die Herstellung von Fisch- und Fleischwaren – eine *halal* und die andere *non-halal*. Das heißt, eine Fabrik fürs regelgerecht durchs Schächten getötete Tiere und eine Fabrik fürs normale Schlachten und Weiterverarbeiten von Fleisch. Ich als Christ konnte natürlich keine *Halal*-Fabrik aufmachen. Also haben wir einen Moslem, meinen Schwager, namentlich als Strohmann in die Firma aufgenommen. Er besitzt aber keine Anteile und hat auch nie mitgearbeitet. Unseren ersten Auftrag erhielten wir von einem Hotel auf Bali. Ich hatte in der Zwischenzeit meine jährlich begrenzte Arbeitserlaubnis bekommen, doch meine Frau blieb weiterhin mein Sponsor.

Unser Start war sehr hart und schwierig, aber wir haben immer einen Weg gefunden, um unser Geschäft weiterzuentwickeln. Wenn wir schließlich einen Weg gefunden hatten, dann hat uns das immer sehr glücklich gemacht. Wir hatten gar keine andere Chance als weiterzumachen oder alles hinzuschmeißen. *Do or not to do...* Ich muss immer wieder betonen: Wenn ich nicht meine liebe Frau Endang an meiner Seite gehabt hätte, dann hätte ich das niemals geschafft. Alleine hätte ich diesen Weg nicht gehen können. Aber sie konnte auch nicht ohne mich. Wir haben immer als gutes Team zusammengehalten. Obwohl es Zeiten gab, da bin ich auf der Straße mit einem Abstand von fünf Metern hinter Endang gegangen, damit man nicht auf die Idee kam, dass wir ein Paar waren. Das mag komisch klingen, aber in den 1970er- und 1980er-Jahren war es noch ungewöhnlich, wenn sich eine balinesische Frau mit einem Ausländer in der Öffentlichkeit zeigte. Das waren ganz andere Zeiten als heute. Ich habe immer sehr viel Rücksicht genommen und darauf geachtet, dass Endang nicht in Schwierigkeiten geriet. Meine Frau kannte natürlich nicht das Geschäft mit Fisch und Fleisch und konnte somit auch nicht mit neuen Ideen aufwarten. Aber sie war immer sehr kritisch und konnte mich sehr gut beraten. Und sie hat mit angepackt und zum Beispiel auch die Fische ausgenommen. Endang war im Grunde die erste aus ihrer ganzen Familie, die richtig gearbeitet hat. Alle anderen haben in ihrem Leben nie körperlich gearbeitet.

99

Nun, sie haben für die Regierung gearbeitet, aber nicht für ein eigenes Geschäft. Meine Leidenschaft und mein Hobby ist eigentlich die Mode. Ich konnte das aber nie zielstrebig verfolgen, weil wir uns sehr auf unsere Firma und deren Entwicklung konzentrieren mussten. Ich hatte von meiner Mutter eine Nähmaschine bekommen, aber ich hatte dafür absolut keine Zeit. Und jetzt ist es zu spät dafür. Reinhold hatte immer so viele neuen Ideen und einer musste die Arbeit machen. Das war ich."
[Endang]

Das Familienleben in Indonesien zeichnet sich durch einige Besonderheiten aus, was ich im Laufe der Jahre auf Bali freudig zur Kenntnis genommen habe. Und was ich auch mit meiner eigenen Familie so praktiziere. Es gibt diese sehr starke Bindung zur Familie. Das ist eine Sache, die mich bis zum heutigen Tag bezaubert. Die Familien halten unglaublich zusammen. Was ich von meiner Familie in Deutschland nicht behaupten kann. Wie gesagt, meine Frau kommt aus keiner armen Familie. Einmal im Jahr mussten wir Endangs Eltern besuchen und dort Fürbitte und Abbitte machen. Das war Pflicht. Und ich habe das natürlich gemacht, wie jeder andere Sohn

Groß, stolz und königlich – Endangs Familie mit dem neuen Schwiegersohn aus Deutschland (obere Reihe ganz rechts). Ich war sehr beeindruckt.

das auch machen würde. In der Familienrunde wurde irgendwann nebenbei einmal erwähnt, dass der Brunnen im Hause der Eltern nicht tief genug wäre. Der Brunnen müsste tiefer gegraben werden. „Was kostet so etwas", fragte ich. Ja, das würde so und so viel kosten. Okay, Thema beendet. Kein Mensch redete weiter von dem Brunnen. An der Haustür war eine kleine Schale bereitgestellt und dort packte jeder beim Weggehen ein bisschen Geld rein. Man muss nichts reinpacken, das ist keine Pflicht, aber jeder legt etwas Geld in die Schale. Dieser Zusammenhalt ist unglaublich und für Indonesien ganz normal. Mich hat dieser enge Familiensinn immer beeindruckt und für mein Leben auf Bali sicher auch geprägt. Als das Unglück mit meinem Sohn Jan passierte, stand am nächsten Morgen die gesamte Familie vor unserer Tür. Das ist in Indonesien selbstverständlich, das ist wirklich toll. In Deutschland ist solch ein starker und unausgesprochener Zusammenhalt in der Familie nicht selbstverständlich. Bei uns hier in Indonesien geht das ja nicht nur bis zur Tante und dann ist Feierabend. Nein, das geht runter bis zu den Großnichten oder weiter, die alle erscheinen, mitmachen und anpacken. Die ganze Familie hält einfach fest zusammen.

Kapitel 18

Meine Familie

Familie hat für mich eine wichtige Bedeutung, auch wenn ich mit meinen Geschwistern nicht immer die besten Erfahrungen und Erlebnisse teilen musste. Für meine heutige Familie stehe ich voll und ganz ein. Das ist mein Leben. Und dafür tue ich alles. Wir halten zusammen. Ich habe einen sehr guten Kontakt zu meinem Neffen, Honorarkonsul Prof. Andreas Reymann, und seiner Tochter Julia – auch wenn beide weit weg von Bali in der Karibik bzw. auf den Bahamas leben. Und ich habe im Gegensatz zu meiner ersten Ehe auch einige Erlebnisse viel intensiver miterleben können – wie zum Beispiel die Geburt meiner Tochter Nicole. Unsere beiden Söhne Robert und Michael studierten zu der Zeit in Australien und Endang und ich waren mit unseren Angestellten allein in unserem großen Haus in Sanur. „Was machen wir hier eigentlich?", fragte ich irgendwann mal. Ich wollte gerne noch ein Kind adoptieren, so ein bis zwei Jahre alt. Wir hatten auch schon mit dem Bischof gesprochen, der uns ein Kind vermitteln wollte. Endang wollte lieber ein kleines Baby. Eines Tages saßen wir zusammen beim Mittagessen und Endang meinte, sie wolle einen Arzt besuchen. „Okay, mach

Ein sehr schöner Moment: Unsere Familienmitglieder aus aller Welt vereint zum Gruppenfoto in unserem Haus auf Bali.

das. Nimm dir den Fahrer, der bringt dich zum nächsten Arzt", meinte ich nur ganz kurz. Da sprang sie plötzlich auf und weg war sie. Ich hatte keine Ahnung, wohin sie so schnell wollte. Sie ist jedoch nur zur Apotheke gefahren und hat einen Schwangerschaftstest machen lassen. Danach kam sie zurück und stand in der Tür und meinte freudestrahlend: „Reinhold, you do not believe it! I am so happy. You don't believe this!" Ich antwortete: „Was soll ich nicht glauben?" Worauf sie strahlte und laut und stolz sagte: „I am pregnant!" Mein Gott, ein Baby! Das war ein so toller Moment für mich.

Wir beide waren nicht mehr ganz so neu und seit der letzten Geburt waren viele Jahre vergangen. 15 oder 17 Jahre. Also sind wir gemeinsam zu ihrem Gynäkologen gefahren. Der meinte sofort: „Abtreiben!" Der Altersunterschied zu den anderen Geschwistern wäre zu groß. Robert ist sechzehn Jahre älter als Nicole und der Altersunterschied zwischen Michael und Nicole beträgt 18 Jahre. Okay, ich habe einen sehr guten Freund angerufen, der viele Jahre als Gynäkologe in Berlin praktizierte, aber hier auf Bali nicht praktizieren durfte. Er verkaufte damals Antiquitäten auf Bali. Ich habe ihn um Rat gebeten. Er meinte sofort, dass die Empfehlung einer Abtreibung totaler Quatsch wäre. Er hat uns nur gebeten, dass wir beide ein Labor aufsuchen sollten, um eine entsprechend umfangreiche Untersuchung durchführen zu lassen. Wenn alle Werte in Ordnung wären, dann wäre eine Geburt kein Problem. Wir sind sofort zum Labor gefahren und haben den Labortest machen lassen. Alles in Ordnung! Da waren wir beide unglaublich happy. Kurz vor der Geburt sind wir dann nach Perth geflogen, um die letzten Untersuchungen zu machen. Das Kind hatte sich noch nicht gedreht. Dadurch war die Chance sehr groß, dass eine Geburt per Kaiserschnitt erfolgen musste. Da habe ich gesagt: „Das lassen wir dann lieber in Perth machen."

Als die Zeit kam, war Endang allerdings schon etwas über den Geburtstermin hinaus, so dass Fliegen eigentlich nicht mehr erlaubt war. Wir haben dennoch gebucht und sind zum Flughafen gefahren und haben eingecheckt. Plötzlich kam der Manager auf uns zu und meinte zu Endang: „You are too pregnant. They are not taking you on the plane." Da hättest du mich mal sehen sollen. Ich bin aufgebraust wie von der Tarantel gestochen und habe auf ihn eingeredet wie ein Wasserfall. Zum Schluss hat er schließlich gemeint: „Okay, gehen Sie an Bord." In Perth haben wir in einer Privatklinik eingecheckt und alles ist wunderbar verlaufen. Ich wohnte im Hotel, die Jungs waren im Internat. Als Endang aus der Klinik entlassen wurde, wollten wir das Baby zum Leihwagen bringen und mit Endang ins Hotel fahren. Die Schwester weigerte sich, mir das Baby zu übergeben und ging mit dem Baby auf dem Arm selbst zum Wagen, wo Endang schon auf dem Rücksitz saß. Plötzlich fragte die Schwester: „Wo ist der Sitz?" Ich meinte: „Welcher Sitz?" Daraufhin sie: „Sie haben keinen Kindersitz hier im Wagen." Dann ist sie auf der Stelle umgedreht und mit dem Kind auf dem Arm zurück in die Klinik gegangen. Weg war sie! Da mussten wir also erst einmal los und einen Kindersitz beschaffen. Wir haben den Kindersitz allerdings nur geliehen. So ist das in Australien.

Im Gegensatz zu meinen anderen Kindern war ich bei Nicoles Geburt dabei. Ich musste mich dafür entsprechend umkleiden, also einen Schutzanzug überstreifen, um keine Keime oder Viren oder

Da ist das „Überraschungs-Baby" schon sehr viel älter. Unsere strahlende Tochter Nicole ist heute erwachsen und selbstbewusst.

sonstige Dinge in das Entbindungszimmer einzuschleppen. Zu Endang habe ich gesagt: „Mach' dir keine Gedanken, ich bleibe so lange bei Dir sitzen, bis es wirklich losgeht." Endang bekam keine Narkose, sondern nur eine Nadel ins Rückenmark als lokale Betäubung, also eine Rückenmarkspritze. Die Ärzte haben mit Eiswürfeln ihre Beine auf- und abgestrichen, bis Endang dort kein Gefühl mehr hatte. Und dann konnte es losgehen. Da flehte Endang mich an: „Lass mich hier nicht allein!" Also habe ich dem Arzt zu verstehen gegeben, dass ich bleibe – was auch kein Problem war. Ich habe Endangs Hand gehalten.

Unsere große Familie heute mit allen Kindern und Enkelkindern.

Und dann war das Kind geboren und schwupp-diwupp hatte ich die Kleine auf dem Arm. Das war ein so tolles Gefühl. Wunderbar! Ich kannte gar nicht dieses Glücksgefühl als Vater, der live bei der Geburt seines Kindes dabei ist. Ich hatte das ja bei meinen anderen Kindern nicht erlebt. Das war einfach unbeschreiblich schön und ich bin so froh, dass ich dieses Gefühl einmal erleben durfte.

Bei den Geburten meiner Söhne Robert und Michael war es so gewesen, dass Endangs Mutter aus Java angereist kam. Sie streifte durch den Garten und sammelte unzählige Gräser und Blätter ein, die sie anschließend kochte und in eine Flasche abfüllte. Als der Geburtstermin kurz bevorstand, gab sie Endang aus der Flasche zu trinken und wir fuhren ins Krankenhaus. Ich kann dir sagen, ich bin gerast wie ein Rennfahrer, denn die Klinik war ein gutes Stück entfernt. Nur kurze Zeit, nachdem wir im Krankenhaus eintrafen, wurden die Jungs jeweils geboren. Ich saß außerhalb des Entbindungsraums, der jedoch nur durch eine Glasscheibe vom Flur getrennt war. Ich konnte alles sehen, aber ich habe keinen einzigen Laut von meiner Endang gehört. Kein Schreien oder sonstige Geräusche. Gar nichts! Das ist meine Frau. Wir sind uns heute noch sicher, dass das Getränk meiner Schwiegermutter großen Einfluss auf diese Ruhe und Entspanntheit hatte. Auf alle Fälle ist meine liebe Endang noch heute davon sehr überzeugt.

"

Das stimmt! Diese Blätter stammen vom Asiatischen Kapokbaum. Das Getränk fördert den Geburtsvorgang. Als wir im Auto zum Krankenhaus fuhren, da setzten bei mir die Wehen ein. Deshalb

ging das auch alles so schnell in der Klinik. Bei Robert noch schneller als bei Michael."
[Endang]

Kapitel 19

Konkurrenz und Herausforderungen

Ich kam 1977 nach Bali zu Zeiten, als General Suharto noch Staatspräsident war. Ein Staatsführer, der 1967 den langjährigen Präsidenten Sukarno absetzte und unter Hausarrest stellte. Ich habe mich nie in politische Gelegenheiten eingemischt. Natürlich habe ich Vorteile für mich gesucht. Selbstverständlich. Aber nicht durch Politiker. So hatte ich nie Schwierigkeiten mit dem Suharto-Regime, eher mit meinen geschäftlichen Konkurrenten, die in der Anfangsphase mein Geschäft kaputt machen wollten. Die haben zum Beispiel die Behörden alarmiert, dass ich keine Aufenthaltsgenehmigung hätte. Die haben mich richtig angeschwärzt. Vor allem, als wir immer größer wurden und unser Geschäft ganz gut lief.

Brigitte Lohmann-Wörner kann bestätigen, dass ihre Freunde auf Bali in den ersten Jahren viele Schwierigkeiten und Anfeindungen meistern mussten: „Das Business lief ganz gut an, aber die Chinesen vor Ort waren ziemlich eifersüchtig und merkten, da kommt jetzt einer, der uns vielleicht etwas an Geschäften wegnehmen kann. Sie haben große Schwierigkeiten gemacht. Sie haben zum Beispiel behauptet, Reinholds Brunnen sei vergiftet. Da wären Typhus-Bakterien drin. Reinhold und Endang haben es zu Anfang sehr schwer gehabt, aber sie haben sich zusammen sehr gut durchgebissen."

Wir haben viel versucht in den ersten Jahren und immer wieder nach neuen Geschäftsideen Ausschau gehalten. Ich hatte viele Ideen, von denen sich aber nicht alle umsetzen ließen. Zum Beispiel war da mein australischer Freund Joze Zrim, der Likör herstellte. Mit seiner Firma Bali Moon Liquer produzierte er vier verschiedene Sorten Likör. Ich übernahm die Alleinvertretung in Indonesien und baute den Vertrieb mit auf. Der Likör war in kleinen wunderhübschen handgefertigten Keramik-Flaschen abgefüllt. Die habe ich an die Hotels auf Bali verkauft. Dort war ich ja bereits mit meinen eigenen Waren bekannt. Leider hatte der Freund aus Australien sehr viel Pech und er musste seine Partner verlassen. Die Firma besteht heute noch, aber mit anderen Eigentümern. Womit ich natürlich die Alleinvertretung los war. Ich hatte vorher noch versucht, die notwendigen Genehmigungen zur Herstellung von alkoholischen Getränken einzuholen. Ein Onkel meiner Frau war Direktor für Perindustrian in Jakarta. Den habe ich aufgesucht und ihm von dem Projekt erzählt. „Wir können viel Geld verdienen", erklärte ich ihm, „da ist viel Geld drin. Können wir das zusammen machen? Würdest du mir helfen, die Lizenz zu kriegen? Ich kann doch als Konsul keine ohne Lizenz hergestellten alkoholischen Getränke vertreiben. Hilfst du mir?" Da hat er

Ich gebe nicht so schnell auf! Das ist ein Lebensprinzip von mir.

mich angeguckt und gesagt: „Reinhold, ich bin Moslem. Mit Alkohol kann ich nichts machen." Damit war die Sache erledigt. Auch andere wollten nicht einsteigen. Es war in Indonesien offiziell kein Geschäft mit Alkohol zu machen. Wir mussten letztendlich immer wieder auf uns selbst zurückgreifen. Ich gebe nicht so schnell auf! Das ist ein Lebensprinzip von mir. Ich liebe Herausforderungen. Mir macht der geschäftliche Wettkampf unglaublichen Spaß. In den Anfangsjahren ging die Konkurrenz schnell in Stellung. Es freute mich im Stillen, wie einer meiner Konkurrenten völlig verzweifelt gegenüber anderen Unternehmern über mich jammerte: „Ich verstehe das nicht. Ich mache dem Mann so viele Schwierigkeiten und er kommt jedes Mal etwas gestärkt da raus. Ich weiß nicht, wie das geht." Und dann hat er mich im Konsulat angerufen und darum gebeten, dass er mich sprechen wollte. Da habe ich ihm geantwortet: „Also, liebe Konkurrenz, wir haben Öffnungszeiten von 8:30 Uhr bis um 4 Uhr, bitte machen Sie vorher einen Termin."

Ich würde das alles nochmal so machen. Das war eine schwere Zeit, aber wir sind ja gut herausgekommen. Wenn man einmal schwere Zeiten durchgemacht hat, dann weiß man erst gute Zeiten zu schätzen. Wenn man immer nur Glück gehabt hat, immer nur aus den Vollen gelebt hat, dann ist das eines Tages normal. Denkt man – aber das ist eben nicht normal. Schwere Zeiten können auch dazu beitragen, dass man selber stärker wird. Ich habe gewiss auch Schwächen, die habe ich ohne Frage. Ich kann manchmal meinen Mund nicht halten. Wenn ich zum Beispiel mit Freunden bei einem Glas Wein zusammensitze, dann plappere ich oft ein bisschen viel und rede meinen angestauten Frust von der Seele. Worüber ich mich jedes Mal wieder fürchterlich ärgere, allerdings erst hinterher. Bekanntschaften und Freundschaften sind auf Bali anders als in Deutschland. Die Indonesier sind nette Leute, sehr freundlich und man kommt gut mit ihnen zurecht, aber das ist keine echte Freundschaft wie wir sie aus Deutschland kennen. Natürlich kann man die vielen mir bekannten Touristen hier auf Bali nicht als echte Freunde bezeichnen, das sind aber alles gute Bekannte.

„Reinhold hat wenig Freunde in Indonesien", weiß Brigitte Lohmann-Wörner zu erzählen. „Wenn ich auf Bali zu Besuch bin, dann sitzen wir zusammen, trinken einen Wein und er erzählt ganz viel. In seiner Kneipe, dem ‚Mama's', sind ganz viele Leute, die aber oftmals nur darauf warten, dass er einen ausgibt. Beim Stammtisch sitzen sie auch stundenlang und warten, bis Reinhold kommt und dass der Abend in Schwung kommt. Er hat seine Schwierigkeiten, weil er immer Ausländer bleiben wird und kein Balinesisch, aber perfekt Indonesisch spricht. Das ist nicht so einfach zu akzeptieren. Es geht aber auch gar nicht anders. Er ist immer der Ausländer und ihm fehlt eigentlich jemand, mit dem er über alles reden kann. Reinhold ist kein einfacher Mensch. Man muss ihn entweder so akzeptieren, wie er ist, oder sonst kriegt man Schwierigkeiten mit ihm. Das ist so. Und im Laufe der Jahre hat er einen sehr gesunden Egoismus entwickelt – für sich selbst zum Überleben. Das Misstrauen ist vielleicht schon in seiner Kindheit angelegt. Seine Kindheit war

nicht so toll. Er hat mit seinem Bruder sehr schlechte Erfahrungen gemacht und hat das auch seinen Eltern ein bisschen angelastet, dass sie nicht eingeschritten sind und die Dinge verändert haben. Als er später im Ausland war, haben ihn einige Leute in Deutschland manchmal ganz schön über den Tisch gezogen. Von daher resultiert vielleicht dieses Misstrauen den Menschen gegenüber."

Kapitel 20

Sicher, sauber, solide

Wir haben unsere Firma PT. SOEJASCH BALI 1983 gegründet. Zwei Jahre später haben wir die erste Filiale unserer heutigen Restaurantkette „Mama's German Restaurant" eröffnet, in dem typisch deutsche Kost serviert wird. Damals begann sich gerade der Tourismus auf Bali zu entwickeln. Der Name PT. SOEJASCH BALI ist eine Kombination von mehreren Namen und Abkürzungen. Ich hatte anfangs einen Geschäftspartner, der hieß Manfred Schertler, ein sehr guter Mann. Er war ein sehr erfolgreicher Investor in Deutschland, von dem ich sehr viel gelernt habe. Von ihm stammt das „SCH" am Ende des Firmennamens, davor „JA" für Jantzen und das „SOE" bezieht sich auf den Familiennamen SOEROSSO meiner Frau. Manfred und ich haben leider einige Fehler gemacht, so dass wir uns schließlich gütlich getrennt haben. Ich bin dem Mann überhaupt nicht böse. Bis heute haben wir mit PT. SOEJASCH BALI ein großes Netzwerk aufgebaut, das sich als zuverlässiger und erfolgreicher Lieferant in der indonesischen Food-Industrie etabliert hat. Dazu betreiben wir eine Sicherheitsfirma, in der wir alleine 250 Leute beschäftigen, die als Wachmänner eingesetzt werden. Und wir sind das erste und bislang einzige Sicherheits-Unternehmen auf Bali, das mit Hunden arbeitet. Wir setzen nur ausgebildete Polizeihunde ein. Außerdem besitzen wir eine größere Distributionsfirma, von der jegliche Art von Waren und Lebensmittel (Mehl, Getränke, Konserven, Blumen und so weiter) vertrieben werden. Insgesamt beschäftigen wir rund 900 Angestellte.

Anfangs haben wir hauptsächlich Fischprodukte hergestellt und verkauft, später kamen Wurstwaren unterschiedlicher Art hinzu. In den ersten Jahren haben wir nur Kunden auf Bali beliefert, vor allem die Hotels auf der Insel und die Zulieferer für die vielen Lebensmittelmärkte. Es war nur eine Frage der Zeit, bis wir unsere Firma erweitern und vergrößern durften. Die Nachfrage nach unseren Produkten wurde größer, so dass wir 1990 eine zweite hochmoderne Fabrik in einem Randbezirk von Denpasar auf Bali gebaut und eröffnet haben. Nur vier Jahre später ging unser Blick in Richtung indonesische Hauptstadt und wir haben dort im südlichen Teil von Jakarta eine Zweigniederlassung eröffnet, zu der neben dem Warenlager und dem Verkaufsbüro auch ein großes Kühlhaus gehört. Die Waren wurden – und werden noch heute – tonnenweise in Lastwagen zu unseren Distributionszentren und dann zu unseren Großkunden gefahren. Alles frisch, gekühlt oder schockgefrostet bei minus 40 Grad. Wir besitzen heu-

Frauenpower bei PT. SOEJASCH BALI: Meine Frau Endang (in der beigen Jacke) führt unser Geschäft souverän mit Unterstützung aller Frauen.

te einen Fuhrpark von 41 Fahrzeugen plus weiteren 16 Kühl-Tracks mit je zwölf Tonnen Kapazität für den Transport nach Jakarta. Damit beliefern wir alle unsere Kunden auf den beiden Inseln Java und Bali. 2003 haben wir eine große Niederlassung in Surabaya auf der indonesischen Hauptinsel Java eröffnet. Das ist ein strategisch wichtiger Ort, denn Surabaya ist die zweitgrößte Stadt Indonesiens mit einem sehr bedeutenden Hafen. Heute beliefert PT. SOEJASCH BALI alle führenden Hotels, vor allem die Sterne-Hotels auf Bali, Lombok und Java, sowie die Restaurants, Cafés, Catering-Firmen und Supermärkte auf fast allen der über 3.000 Inseln Indonesiens. Wir beliefern außer unserem normalen Kundenstamm Pizza Hut, Domino Pizza, Burger King und viele weitere Großkunden mit unseren Produkten. Zudem haben wir Zweigstellen in Jogyakarta und Medan mit Auslieferungslagern in Betrieb. Wir besitzen alle

Unser Motto: „No compromise on quality and safety."

notwendigen Qualitätszertifikate wie „FoodSafe Plus" von Australien und TÜV Rheinland schon seit vielen Jahren sowie bei der Fisch & Fleisch verarbeitenden Industrie die Zertifikate F.S.S.C. Food Safety System und S.E.I. GLOBAL Sydney, was dem höchsterreichbaren Zertifikat entspricht. Alle diese Zertifikate werden laufend überprüft.

Unser Motto dokumentiert unseren Anspruch: „No compromise on quality and safety." Will heißen: Wir machen keine Kompromisse oder Abstriche, was die Qualität und Vorsichtsmaßnahmen für unsere Waren und deren Herstellung angeht. Sowohl die Ware als auch die Maschinen und die Hygiene müssen einwandfrei und erste Qualität sein. Wir kaufen unsere Rohwaren in Indonesien. Wir importieren aber den Großteil aus Australien, Deutschland und Indien. Ein derart hoher Qualitätsstandard

Auch die Männer packen bei PT. SOEJASCH BALI an. Ich (mi.) mit meinen Söhnen Robert und Michael im Kreis unserer männlichen Mitarbeiter.

lässt sich nur mit einer der modernsten Herstellungsmaschinerie garantieren. Und gut ausgebildeten Schlachtermeistern, die wir aus Deutschland einstellen. Auch die Maschinen, die wir in unseren Fabriken stehen haben, stammen größtenteils aus Deutschland. Ich schätze einfach deutsche Wertarbeit über alles. Die deutschen Maschinen sind zwar teuer, aber sie halten länger. Zudem ist es verboten, gebrauchte Maschinen nach Indonesien zu importieren. Die Transportkosten sind heute zum Glück nicht mehr so hoch wie in den Anfangsjahren. Die Maschinen werden heute per Seefracht angeliefert. Für die notwendigen Ersatzteile muss man sich einen ent-

Gute Stimmung in unserem Sales Team. In der ersten Reihe die Jantzens (ab Dritter von li. nach re.): Michael, Endang, Reinhold, Nicole und Robert.

sprechenden Vorrat anlegen. Und für die technische Wartung haben wir ein Team aus indonesischen und deutschen Fachleuten angestellt. Ich habe im Geschäft grundsätzlich immer versucht, nichts zu mieten oder zu pachten. Ich habe immer versucht zu kaufen. Wenn man nur mietet, dann ist die Miete irgendwann weg, ebenso die Pacht, die ist auch weg.

Wenn man in Indonesien für zehn Jahre etwas pachtet, dann muss man für die zehn Jahre die Pacht eigentlich in einer Summe auf den Tisch legen. Nimm zum Beispiel unsere „Mama's German Restaurant" in Kuta und die zwei in Jakarta. Die Gebäude sind gepachtet. Ich wollte schon lange kaufen, aber das geht nicht. Die Eigentümer verkaufen natürlich nicht. Warum sollten sie auch? Sie erhöhen lieber nach Vertragsende die Miete. Um es noch einmal zu betonen: Ich habe immer versucht, nicht zu pachten, sondern zu kaufen. Ich habe auch immer darauf geachtet, mit möglichst wenig Bankkrediten zu arbeiten und ich habe immer sehr darauf geachtet, die Kredite so niedrig wie möglich zu halten. Die Zinsen sind gewaltig hoch – vierzehn Prozent oder so, das ist normal in Indonesien. Man bekommt einen Kredit auch nur, wenn man Liegenschaften hat. Wenn du als Neuling ein Geschäft aufmachen willst und du dafür einen Kredit benötigst, dann wird das sehr schwierig. Wenn du aber mit deiner Firma schon länger mit einer Bank zusammenarbeitest und du hast Liegenschaften, also Grundstücke vorzuweisen, dann ist die Bank gesprächsbereit. Bei mir schlägt sicherlich immer noch der Hamburger Kaufmann durch. Wenn ich etwas sage, dann tue ich das auch. Im Leben wie im Geschäft.

Und noch eins: Ich habe nie versucht, *Quick Money*, also schnelles Geld zu machen. Ich versuche, etwas aufzubauen, was langfristig ist. Von irgendwelchen Windeiern und schnellen und undurchsichtigen Geldgeschäften habe ich mich immer ferngehalten. Da wir viele ausländische, vor allem amerikanische Hotelketten und Firmen wie Pizza Hut, Burger King und Domino Pizza mit unseren Waren beliefern, ist der Hygiene-Standard sehr hoch. Du musst deren amerikanischen Standard erfüllen, ansonsten bist du raus aus dem Geschäft. Dieser Standard ist viel höher als in Deutschland, in Australien ist das ebenso. Es gibt aber auch andere Großkunden, die legen nicht so viel Wert auf die optimale Hygiene. Die wollen die Hygiene zwar haben, aber nichts dafür bezahlen. Da grätschen dir dann oftmals Konkurrenzfirmen dazwischen, die diesen Hygienestandard wohlweislich nicht anbieten und dadurch natürlich billiger sind. Wir haben immer darauf Wert gelegt, die besten Hygiene-Zertifikate zu erhalten.

Die Hygiene-Zertifikate umfassen sehr viele Dinge. Da geht es um Personalreinlichkeiten, Fabrikation, Abfallentsorgung, Müllabfuhr, Abwasserentsorgung, Eisqualität und vieles mehr. Das ist ein ganzes Paket. Du kannst den Abfall nicht einfach wegschmeißen, der muss gesammelt werden und der muss gekühlt werden, bis er endgültig zu einer Müllkippe abtransportiert werden kann. Also gibt es ständig Kontrollen. Wenn du Pech hast, dann kommen die Kontrolleure in zwei Wochen zweimal und wenn du Glück hast, dann kommen sie viermal im Jahr. Natürlich unangemeldet! Und vor allen Dingen, es sind keine Leute von Indonesien geschweige denn von Bali. Die amerikanischen Firmen wie Burger King oder Pizza Hut schicken ihre eigenen Leute oder beauftragen ein Hygiene-Institut. Da steht dann plötzlich ein Team von Kontrolleuren vor dir, die kommen aus Kanada. Diese Damen und Herren wissen von den örtlichen Beschaffenheiten wenig oder nichts. Die blicken nur auf den Betrieb. Wenn sie bei dir nichts finden oder beanstanden können, dann ist das schlecht. Die müssen etwas finden. Die Frage ist nur, was sie finden.

Ich habe diesen Job früher auch mal für die GTZ gemacht. Insofern weiß ich schon, was die Kontrolleure sich genau anschauen und worauf sie exakt achten. Okay, das ist 40 Jahre her und da hat sich fast alles geändert. Dennoch ist es immer noch so, dass man als Kontrolleur etwas finden muss. Und dass auch nur die geringste Beanstandung für den Kontrollierten immer besser ist als wenn Nichts gefunden wird. Wir haben bei uns im Betrieb zum Beispiel speziell trainierte Mitarbeiter, die nur für die Hygiene zuständig sind. Sie sind topfit und achten auf perfekte Einhaltung der Vorgaben. Das kann man alleine gar nicht überschauen. Dazu braucht man ein qualifiziertes Team. Alle Mitarbeiter in der Herstellung müssen mit Schutzanzügen und Mundschutz und Gummihandschuhen eingekleidet sein. Dazu gibt es Hygiene-Schleusen mit Wannen voller Desinfektionsmittel, durch die jeder Mitarbeiter hindurchgehen muss, bevor er in die Fabrikationshalle betreten kann. Manche haben da schon mal versucht sich durchzumogeln, aber da muss man hart bleiben und dieses unmöglich machen. Da kommt man nicht drumherum. Und dadurch, dass überall Kameras installiert sind und alles aufgezeichnet wird, können die Mitarbeiter sich nichts erlauben und die Hygienevorschriften unterwandern. So können wir auch kontrollieren, ob sich Fremde bei uns reinschleichen, um unsere Produktion auszukundschaften. Industriespionage gibt es auch auf Bali.

Wir beziehen deshalb heute unsere Gewürzmischungen für die Wurstwaren oder sonstige Rezepturen fertiggemischt von Geschäftspartnern aus dem In- und Ausland. Früher habe ich alles selbst gemischt, nur das kann ich heute nicht mehr. Wir haben natürlich eigene Rezepturen. Und wir haben mit den Firmen, die das für uns mischen, feste Verträge geschlossen. Die dürfen diese Rezepte nicht an andere Firmen weitergeben. Wir sind diesbezüglich sehr zufrieden, da diese Partner uns auch schon mal bei gewissen Problemen unterstützen. Manchmal führt das zu kleinen Rezeptänderungen, aber eigenmächtig können sie das niemals machen. Es gibt seit Beginn meiner Arbeit auf Bali eine Grundrezeptur.

Die habe ich zusammengestellt. Auf Basis dieser Grundrezeptur fängt man an, seinen persönlichen Geschmack einzuarbeiten. Wenn man den richtigen Geschmack gefunden hat und der auch von den Kunden angenommen wird, dann ändert man dieses Rezept nicht mehr. Man versucht das Rezept beizubehalten, so lange die Ware beim Kunden gut ankommt. Manchmal sagt jedoch ein Kunde: „Oh, das ist zu salzig". Dann variieren wir das ein wenig. Oder andersherum: Wir Deutschen lieben es meist ein bisschen salziger. Wir haben einen etwas höheren Salzgehalt in unseren Waren wegen der Haltbarkeit.

Ich habe nie etwas verkauft, was ich nicht selbst essen mochte.

Indonesier hingegen mögen es nicht salzig. Da muss man dann immer eine feine Abstimmung für die jeweiligen Kunden finden. Ich habe nie etwas verkauft, was ich nicht selbst essen mochte. Also irgendwas zu produzieren, was ich nicht selbst essen mag, das war und ist für mich immer sehr schwer. Wir probieren viel, obwohl mein Sohn Robert sich wegen der schlanken Linie meist etwas zurückhält, aber ich probiere gerne. Vor allen Dingen, wenn es noch ein kaltes Getränk dazu gibt. Das Probieren dient nicht nur dazu, um womöglich eine Geschmacksrichtung oder Konsistenz zu verändern, sondern das Probieren gehört auch zur Geschmackserhaltung, so dass ein Produkt oder eine Ware immer die gleiche Qualität behält. Und das muss regelmäßig kontrolliert werden. Wir haben dafür auch ein eigenes Labor, in dem die Tagesproduktionen ständig analysiert und überprüft werden.

Einige mögen meinen, dass diese Kontrollsucht eine deutsche Neigung oder Macke ist. Ich unterschreibe gerne die Behauptung, dass man erst Deutschland schätzen lernt, wenn man im Ausland lebt. Noch krasser gesagt: Man wird erst Deutsch, wenn man im Ausland lebt. Es gibt natürlich auch Typen, die gehen ins Ausland und wenn sie drei Monate weg sind, dann können sie kein Wort Deutsch mehr. In jedem dritten Satz fragen sie: „Wie heißt das noch?". So etwas finde ich furchtbar und so etwas akzeptiere ich nicht. Das ist totale Anpassung. Aber was heißt Anpassung? Als ich Konsul wurde, da habe ich auch versucht, mit den Leuten, mit denen ich zu tun hatte, in einem besseren Hochdeutsch zu kommunizieren. Eines Tages hatten wir Besuch von einem Minister oder Staatssekretär aus Bayern und der sprach einen derben bayrischen Dialekt. So richtig tiefstes Bayern. Da habe ich zu mir gesagt: „Wenn der als Staatssekretär oder als Minister so sprechen kann, dann kann ich auch meinen Hamburger Slang als Honorarkonsul beibehalten. Seither habe ich nie mehr versucht, meine Sprache irgendwie anzupassen oder zu verschönern. Bis heute bin ich meinem Hamburger Slang treu geblieben. Und das ist auch gut so! Ich habe mich in den ersten Jahren in Indonesien immer geweigert, die indonesische Sprache zu erlernen, weil ich ja nicht wusste, wie lange ich bleiben konnte. Später als Honorarkonsul war die Amtssprache Deutsch oder Englisch. Natürlich habe ich sehr bald Indonesisch gelernt, um mit den loka-

*Ich bin und ich
bleibe Hamburger.*

len Behörden kommunizieren zu können. Wenn ich mit offiziellen Vertretern der Regierung zu tun hatte, habe ich Englisch geredet. Die Regierungsleute haben untereinander Indonesisch gesprochen, aber das habe ich gut verstanden. Da wusste ich immer genau, was sie beabsichtigen oder vorhatten. Ich rede meist Englisch, obwohl ich genauso Indonesisch und etwas Balinesisch spreche. Es gibt einen großen Unterschied zwischen Indonesisch und Balinesisch. Und zum Javanischen. Meine Frau kommt aus Java. Da spricht zum Beispiel die Tochter mit der Mutter in einer höheren Sprache und die Mutter antwortet in einer niederen Sprache. Das ist in höheren Kreisen so üblich. Diese Sprachenkultur beruht auf deren Kastensystem. Da musste man sich schon dran gewöhnen zu jener Zeit. Es gibt unterschiedliche Rituale und Verhaltensnormen. Wenn eine Bedienstete etwas im Hause meiner Schwiegereltern auf den Tisch stellte, dann stellte sie das nicht einfach auf den Tisch. Sie kniete vor dem Tisch nieder und hob die Schüssel oder die Tasse empor zu der Hausherrin, die das dann auf den Tisch stellte. Wenn ich diese Sitten alle erklären sollte, dann würde daraus ein ganzer Roman entstehen. Es gibt viele Dinge, die anders sind als in Deutschland. Man kann nicht sagen, dass man sein Leben in Bali so leben will wie in Hamburg. Das Leben auf Bali ist anders. Man kann auch nicht sein Leben in Hamburg so leben wie auf Bali. Man muss sich anpassen. Die Frage ist nur, wie weit man sich anpasst.

Ich bin immer noch so wie ich bin. Ich habe mir nie bewusst Mühe gegeben, mich großartig anzupassen. Ganz ehrlich, ich bin Hamburger. Und ich bleibe auch Hamburger. Natürlich, wenn ich mit Indonesiern auf Bali oder den anderen Inseln zusammen bin – sei es geschäftlich oder als offizieller Vertreter Deutschlands –, dann kann ich mich anpassen, selbstverständlich. Aber bei mir zu Hause nicht. Wir essen deutsch, daher auch unsere deutschen Restaurants und die deutschen Fleisch- und Wurstwarenfabriken. Ich bin und ich bleibe halt im Herzen immer Hamburger.

Kapitel 21

Helfen statt nur hoffen

Man kann in der ganzen Welt helfen, nicht nur auf Bali. Doch man sollte dort etwas tun, wo man direkt eingreifen kann und wo man auch sehen und erleben kann, wie sich Hilfe in reale Veränderung umwandelt. Man muss helfen und nicht immer nur hoffen, dass etwas geschieht. Ich habe im Laufe meiner vielen Jahre auf Bali einige Projekte ins Leben gerufen oder unterstützt.

Eines fing an in unserem „Mama's German Restaurant" in Kuta. Eines Tages kam ich mit einem Gast ins Gespräch, der das Thema Helfen und Benefizprojekte auf den Tisch brachte. Der redete ziemlich viel rum und sprach von armen Leuten und so weiter. Irgendwann bin ihm ins Wort gefallen: „Wenn man zu diesen armen Leuten hingeht und gibt denen ein bisschen Geld oder man macht dies oder man macht das, dann bringt das langfristig überhaupt nichts." Da war der Mann völlig empört. Ich ließ mich nicht aus der Ruhe bringen und meinte: „Nein, das bringt überhaupt nichts. Das ist nur eine momentane Hilfe. Wenn man etwas machen will, dann muss man das ordentlich machen." „Ja, wie denn?", fragte er mich. Ich musste nicht lange

In solchen Häusern bzw. Hütten leben viele Bewohner von Sumba.

überlegen: „Zum Beispiel hier auf Bali, da muss man nichts machen. Auf Bali ist fast alles vorhanden, aber auf anderen vorgelagerten Inseln, nicht weit weg von hier, da herrscht noch bitterste Armut und dort kann man etwas machen und helfen." „Ja, was denn?", fragte er wieder. Da habe ich ihm geantwortet:

„Schulbildung. Die Menschen haben keine Schule. Und sie haben kein Trinkwasser, die haben nichts, die ärmsten dieser Armen". Okay, damit war das Gespräch mehr oder weniger beendet.

Nach einigen Wochen tauchte der Mann wieder bei uns auf und meinte zu mir: „Du Reinhold, ich habe darüber nachgedacht. Ich habe mit einem Freund gesprochen, der besitzt eine Maschinenfabrik in Deutschland, und wir beide wollen unbedingt etwas machen und bedürftige Menschen unterstützen. Wenn du mitmachst, dann sind wir drei." Ich war etwas überrascht, aber auch erfreut und meinte zu ihm: „Mensch, das wäre doch was. Ich bin im Rotary Club und da können wir das Geld einzahlen und dann kriegen wir das noch durch Rotary International verdoppelt und so können wir eine richtig schöne Hilfsaktion starten." Er war begeistert: „Ja, Reinhold, so machen wir das." Glücklicherweise war ich zu der Zeit auch Präsident des Rotary Clubs Kuta auf Bali. Doch was machen die Mitglieder des Rotary Clubs? Welche Aufgaben und welche Funktion und welchen Einfluss hat diese weltweit vernetzte Organisation? Was ist Rotary International?

„Rotary International ist ein Verband mit über 1,2 Mio. Mitgliedern, die in den weltweit 34.000 Rotary Clubs organisiert sind. Der erste Rotary Club wurde am 23. Februar 1905 von dem Rechtsanwalt Paul P.

Harris in Chicago gegründet. Symbol der Rotarier ist ein Zahnrad. Rotary vereint Persönlichkeiten, die sich aus allen Kontinenten, Kulturen und Berufen zusammenfinden. Ihre Aufgabe sehen die Rotarier in einem weltweiten Dienst an der Gemeinschaft. Seit über 110 Jahren setzen die Rotary-Mitglieder ihre Leidenschaft, ihre Energie, ihr Wissen und ihr Verständnis ein, um dauerhafte Projekte zu fördern. Sie arbeiten unermüdlich daran, diese Welt zu verbessern. Rotary hat sich zu einem weltweiten Netzwerk aus engagierten Frauen und Männern entwickelt, die eine gemeinsame Vision verfolgen. Sie wollen diejenigen unterstützen, die sich nicht selbst helfen können. Diese gemeinnützige Arbeit findet im lokalen Umfeld der eigenen Gemeinde statt wie auch in internationalen Hilfsprojekten." [Info laut Rotary Deutschland]

Unser Rotary Club Kuta veranstaltet jedes Jahr eine große Weihnachtsfeier. Da holen wir 100 Waisenkinder aus dem Waisenhäusern mit Bussen ab und die Kinder kriegen alle ein Geschenk. Das ist immer eine sehr schöne Weihnachtsfeier, die in Zusammenarbeit mit dem Grand Hyatt in deren Hotelräumen stattfindet. Das machen wir seit vielen Jahren. Jedes Rotary Mitglied gibt als Sponsor etwas für die Geschenke der Waisenkinder hinzu. 2006 habe ich als Präsident des Rotary Clubs Kuta ein Projekt auf der Insel Sumba vorgeschlagen. Ich hörte von den Problemen auf Sumba, wo es neben der Malaria auch noch eine hohe Säuglingssterblichkeit gab. Die Säuglinge starben dort, weil die Mütter ihnen keine Muttermilch geben konnten. Aus einem einfachen Grund: Die Mütter hatten nicht ausreichend zu trinken. Sie wussten sich

Eine sehr große Hilfe für das Sumba-Schulprojekt waren die beiden deutschen Sponsoren Mathias Knoll und Uwe Linder.

in dieser Not nur zu helfen, indem sie die Bananenbäume abholzten, eine Mulde in den Stamm bohrten und dort das aufgestiegene Wasser rausschöpften, welches sie dann trinken konnten. Meine Idee war, einen Brunnen bohren zu lassen und um den Brunnen herum eine Schule zu bauen. Das gestaltete sich aber zunächst schwierig, weil Rotary International keinen Finanzzuschuss für Baulichkeiten genehmigt. Daraufhin habe ich beschlossen, dass wir das Projekt mit zwei Freunden alleine umsetzen. Das waren zwei deutsche Sponsoren: Mathias Knoll und Uwe

Diese neue und moderne Schule haben wir zu dritt auf der Insel Sumba bauen lassen.

Linder. Und dann haben wir eine Schule für 357 Kinder bauen lassen. Eine richtige Schule mit einem Brunnen und mit einem Generator. Dort gehen die Kinder seither jeden Tag in die Schule und die anliegenden Häuser werden mit Trinkwasser versorgt.

Der Mangel an Schulen weltweit und damit an grundlegender Bildung für Kinder hat sich bis heute nicht großartig verändert. In dem UNESCO-Weltbildungsbericht 2017/18 unter dem Titel „Verantwortung für Bildung" stellt die UN-Organisation fest:

264 Millionen Kinder und Jugendliche gehen nicht zur Schule.

„264 Millionen Kinder und Jugendliche zwischen 6 und 17 Jahren haben weltweit keinen Zugang zu Bildung. Selbst bei den Kindern, die eine Schule besuchen, sind die Abschlussraten weiterhin gering: Zwischen 2010 und 2015 lagen sie im Grundschulbereich (6-11 Jahre) bei lediglich 83 Prozent, im unteren Sekundarschulbereich (12-14 Jahre) bei 69 Prozent und in der oberen Sekundarschulbildung (15-17 Jahre) bei nur 45 Prozent." [Quelle: Deutsche UNESCO-Kommission, 2017]

Unsere Aktion vor vielen Jahren wurde von der indonesischen Bevölkerung sehr gut aufgenommen. Aber jede Sache hat bekanntlich immer zwei Seiten. Als das Projekt bekannt wurde, haben einige natürlich sofort erkannt, wie schön die Landschaft auf Sumba ist. Unter anderem auch ein weiterer Freund von mir, ebenfalls Rotarier. Er ist hingefahren und hat sich die Gegend angeschaut. Und noch viel wichtiger: Er hat erfahren, dass das Land sehr billig war.

Daraufhin hat er seine Freunde mobilisiert und die haben Land aufgekauft. Ich war so enttäuscht. Wer kann denn, wenn die Investoren große Hotels bauen, dort arbeiten? Die Einheimischen bestimmt nicht. Die hatten doch keine Schulbildung, weil der Schul-

Der Fotograf im Hintergrund, Peter Kersten, drehte einen Film, der unter dem Titel „Weihnachten auf Sumba" auch im deutschen Fernsehen lief.

betrieb damals gerade erst anfing. Die wussten gar nicht, was ein Hotelgewerbe ist. Die meisten Menschen vor Ort hatten nur die Chance, entweder Gärtner zu werden oder in Bars zu arbeiten. Die Menschen, die in den Hotels arbeiten, kommen von anderen Inseln. Und sie bringen ihre eigene Religion mit – Moslems, Buddhisten, Hindus. Auf Sumba leben vorwiegend Christen und mit all den Fremden würde sehr schnell die eigene lokale Kultur kaputtgehen. Ich war so entsetzt darüber. Die Schule gibt es heute noch. Wir hatten der Schule sogar einen Fernseher geschenkt, mit Satellitenschüssel und allem technischen Zubehör. Die Schüssel hat sich der Schulmeister gleich unter den Nagel gerissen und bei sich zu Hause eingebaut. Aber ich habe, nachdem ich das erfahren habe, alles zurückgeholt. Der Mann musste alles zurückgeben. Nicht mit mir! Da gebe ich nicht auf. Nun gut, nicht alle Projekte gehen auf. Manchmal gibt es richtig Ärger. Wenn ich einem Sponsor gegenüber verantwortlich bin, dann muss ich auch verantwortlich bleiben. Dann muss dieser Sponsor sich hundertprozentig auf mich verlassen können. Neben der Unterstützung für Schulkinder habe ich ein anderes Projekt organisiert, das mir sehr am Herzen lag. Und zwar habe ich eine Blutbank in einem Krankenhaus neu errichtet und ausgerüstet.

Dazu muss ich eine kleine Geschichte erzählen. Meine Frau wurde vor vielen Jahren krank. Sie bekam fürchterliche Bauchschmerzen, also Unterleibsschmerzen, und sie litt darunter über längere Zeit. Wir sind zu Ärzten gelaufen, wir haben alles gemacht. Ein Arzt meinte, das wären festsitzende Blähungen. Ein anderer hatte eine andere Diagnose parat und noch ein anderer wusste es noch besser. Aber keiner konnte ihr helfen. Meine Frau hat gejammert und hatte große Schmerzen. Selbst unser Hausarzt meinte, da wäre nichts. Da fiel mir ein, dass meine

> *Also habe ich meine Frau*
> *in die Badewanne mit heißem*
> *Wasser gesteckt.*

Mutter in solchen Fällen immer ein heißes Sitzbad empfohlen hat. Also habe ich meine Frau in die Badewanne mit heißem Wasser gesteckt. Auch diese Aktion brachte keinen Erfolg, die Schmerzen gingen einfach nicht weg. Eines Tages später besuchte uns ein alter Freund. Der hieß Ken, also eigentlich Gerd Graf, aber er nannte sich Ken. Ken hatte einige Semester Medizin studiert. Und da habe ich ihm von Endangs Schmerzen erzählt. Er hat sie sich angeschaut und gefragt: „Wo tut es weh?" Sie hat ihm ihren Bauch gezeigt und er drückte ganz vorsichtig mit seiner Hand in den Bauch rein. Die Bauchdecke blieb eingedrückt und kam nicht wieder raus. Da blieb eine tiefe Beule. Was natürlich nicht normal war. Ken reagierte sofort und meinte zu mir: „Reinhold, Endang muss ganz schnell ins Krankenhaus. Du hast keine Zeit, sie muss so schnell wie möglich operiert werden. Sofort!" Ich habe natürlich sofort in der Klinik angerufen und einen Krankenwagen bestellt, der nach vielen Anrufen endlich eintraf. Mit dem sind wir wie wild und mit Tatütata zur Klinik gedüst. Als wir dort ankamen, war zum Glück auch der Professor vor Ort. Nachdem er Endang kurz untersucht hatte, meinte er: „Ja, Ihre Frau muss sofort operiert werden." Worauf ich Einspruch erhob: „Nein, nein, Sie müssen nicht operieren. Ich lasse meine Frau nach Singapur oder nach Australien ausfliegen." „Keinesfalls", widersprach der Professor, „es tut mir leid. Ich habe keine Zeit zu verlieren. Ich habe bereits den Narkosearzt benachrichtigt. Und Blut ist auch schon unterwegs." Worauf ich etwas verunsichert nachfragte: „Blut? Warum Blut?" Die Antwort des Professors war ruhig und sachlich: „Ganz einfach, wir brauchen Bluttransfusionen." Da war ich mit meinem Latein am Ende und fragte nur noch: „Was kann ich sonst noch machen?" Ich konnte gar nichts machen. Es war keine Zeit zu verlieren. Und dann ist Endang operiert worden. Ich saß draußen im Wartesaal und fragte mich selbst: „Um Gottes Willen, was passiert da jetzt? Sie kriegt Blut, fremdes Blut. Von wem kriegt sie das? Wessen Blut ist das? Ist das sauber?" All solche Gedanken schossen mir durch den Kopf. Zum Glück verlief die Operation gut, alles klappte und alles war wieder in Ordnung. Aber wie gesagt, ich hatte diese Gedanken immer noch im

Kopf. In der deutschen Botschaft in Jakarta bekamen wir die Information, dass eine Gesellschaft oder Organisation neue Geräte für Blutuntersuchungen zur Verfügung gestellt hatte. Da fiel mir die Geschichte mit Endang wieder ein. Und ich meinte zu meinen Botschafts-Kollegen: „Oh, ich wüsste da jemanden für diese Geräte. Ein guter Einsatzplatz. Und zwar auf Bali." Da meinte der Botschafter: „Okay, also wenn's geht, dann versuchen Sie das dort mal." Ich bekam die Liste mit den Geräten in die Hand und bin damit zum Universitätskrankenhaus Sanglah Bali gefahren. Dort habe ich mit dem Leiter der Blutabteilung, Dr. Made Sudewa Djelantik, gesprochen. Und er meinte zu mir: „Herr Jantzen, das ist sehr schön, dass Sie uns die Geräte geben wollen, alles wunderbar. Aber wir haben keinen Platz, die Geräte aufzustellen. Schauen Sie mal: Dieses kleine Gebäude, das wir hier haben, das ist total verbaut. Das ist alt und völlig ausgebucht. Wenn schon, dann brauchen wir ein neues Gebäude."

Ich bin zu unserem Rotary Club gegangen und habe denen von der Blutbank und den räumlichen Problemen des Krankenhauses erzählt. Ob der Club nicht etwas unternehmen wollte, damit ein entsprechendes Gebäude gebaut werden könnte. Da haben mir einige Mitglieder, die sich mit dieser Materie besser auskannten, erzählt, dass eine solche Aktion nicht machbar wäre. Wir würden kein Geld von Rotary International für Gebäude bekommen. Also haben wir gemeinsam überlegt, wie wir in dieser Sache weitermachen könnten. Ich gebe so schnell nicht auf. Damals war ich mit dem australischen Konsul George Frazer eng befreundet, einige Freunde aus dem Rotary Club wollten ebenso mitmachen. Wir haben uns zusammengesetzt und haben verhackstückt, was wir machen könnten. Da kamen wir mit George Frazer, Hany Arianto und Wayan Sudarma auf die Idee, unser Vorhaben für einen Katalog in alle möglichen Sprachen – Englisch, Französisch, Japanisch und so weiter – zu übersetzen und diese an alle Rotary Clubs weltweit zu verschicken. Man muss wissen: Ein Rotary Club muss immer einmal im Jahr ein Projekt machen. Nach einiger Zeit bekundeten Clubs aus Japan, Amerika und anderen Ländern ihr Interesse und baten uns um mehr Information zu dem Projekt. So haben die Rotary-Clubs Bali genügend Geld gesammelt und konnten ein schönes Gebäude bauen lassen, wo das ganze Equipment für die Blutuntersuchungen installiert werden konnte. Ich war von Start bis zum Ende der Chairman des Projektes. So habe ich auch die Grundsteinlegung durchgeführt zusammen mit Japanern. Japan hatte viel Geld gegeben. Die Eröffnung der Blutbank habe ich auch geplant und zusammen mit Kollegen durchgeführt. Noch heute hängt eine große Marmorplatte im Eingang der Blutbank mit den Namen der Rotary-Club-Mitglieder, die dieses Projekt ermöglicht haben. Wir hatten am Ende sogar noch einen beachtlichen Geldüberschuss. Den habe ich der Leitung der Blutbank übergeben. Als das Projekt endgültig abgewickelt war, habe ich

Immer als Bule im Vordergrund zu stehen, das ist nicht gut.

beschlossen: Besser ich steige da aus. Das hatte seinen Grund: Immer als Bule im Vordergrund zu stehen, das ist nicht gut. Bule ist ein Ausländer. Ich habe das Projekt durchchecken lassen, habe einen Finanzreport von einem vereidigten Buchprüferbüro erstellen lassen und habe diesen vervielfältigt an die Hauptsponsoren verschickt. Dann bin guten Gewissens als Chairman zurückgetreten. Aber, wie gesagt, diese Geschichte hat sich nur aufgrund der Operation meiner Frau so entwickelt. Nur deshalb habe ich mich so dafür engagiert. Die Blutbank ist immer noch sehr aktiv und war auch besonders hilfreich bei der Bewältigung der „Bali bombings" in den Jahren 2002 und 2005. Heute wird dort für ganz Bali und sogar für die umliegenden Inseln das Blut gereinigt. Wir hatten damals auch einige Kleinbusse angeschafft, die in die Betriebe vor Ort fahren oder zur

Universität oder andere Orte und Städte besuchen. Da können die Leute dann im Bus ihr Blut spenden. Alles sauber und alles für eine gute Sache.

Kapitel 22

Bedugul – mein Lebenstraum

Es gibt Orte auf diesem Planeten, dort fühlt man sich einfach wohl. Dort möchte man immer sein. Ich habe solch einen Ort gefunden oben in den Bergen von Zentral-Bali. Bedugul heißt der wunderschöne Flecken Erde. Bedugul liegt inmitten einer grandiosen Bergkulisse am Bujan See eingebettet in der Caldera eines erloschenen Vulkans.

Wir sind früher regelmäßig nach Perth gefahren. Siebzehn Jahre lang, glaube ich. Wir fühlten uns in der australischen Küstenstadt am Indischen Ozean immer sehr wohl. Unser Plan war eigentlich, in Perth unseren Ruhestand zu verleben. Als unsere Söhne dort acht Jahre studierten, haben wir uns überlegt, ob wir nicht eine Wohnung oder ein Haus kaufen sollten. Also haben wir auf den Namen unserer australischen Firma ein schönes Haus mit Garten in einer netten Gegend gekauft. Als meine Söhne mit dem Studium fertig waren, habe ich sie gefragt: „Wer von euch will in Australien in unserem Haus leben?" Keiner wollte das. Als ich später den Freund traf, der mir unser Gelände in Bedugul vermitteln wollte, haben wir beschlossen, das Haus in Perth zu verkaufen und unseren Alterssitz in Bedugul zu planen und zu bauen. Die Firma in Australien habe ich immer noch. Ich bin heute sehr froh, dass wir das alles so arrangiert haben und nicht in Perth leben müssen. Dort ist alles sehr teuer und man findet nur sehr schwer Hausangestellte. Also hätten wir dort alles selber machen müssen. In Sanur und in Bedugul haben wir unsere Angestellten. Das ist viel besser, besonders wenn man alt wird.

Siebzehn Jahre lang sind meine Frau und ich in unser Haus nach Perth geflogen und haben dort versucht, Urlaub zu machen. Das war manchmal schön und wir fühlten uns da wohl. Als meine Söhne wie gesagt nicht mehr in Perth studierten und auch kein Interesse an dem Haus und der Firma hatten, kam ich ins Grübeln. Die Situation hatte sich mit einem Mal verändert. Wir fuhren nur noch dort hin, um sauberzumachen. Meine Frau putzte das Haus und ich brachte jedes Mal den Garten auf Vordermann, weil alles vertrocknet war. Wir hatten sogar eine automatische Beregnungsanlage installiert, die aber nicht immer funktionierte. Und wenn alles wieder bunt und schön war, dann sind wir wieder nach

Hause gefahren. Eines Tages sprach mich ein Freund an: „Warum fährst du immer nach Perth?" „Weil es dort so schön ist", antwortete ich. „Das Klima in der Saison ist schön kühl." Worauf er entgegnete, dass ich das auch auf Bali haben könnte. „Mein Lieber, erzähl mir mal, wo das sein soll", meinte ich darauf. Und dann erzählte er mir von Bedugul. Okay, ich kannte Bedugul von zahlreichen Fahrten durch die Berge. „Okay, aber hast du dort mal übernachtet?", hackte er nach. Hatte ich natürlich nie. Und dann riet er mir: „Dann mach das doch mal." Also sind meine Frau und ich hingefahren und haben uns die Gegend angeschaut. Eine schöne Gegend, die auch gar nicht so weit weg von Sanur ist, nur zwei Autostunden.

Es gefiel uns sehr gut und deshalb hatten wir uns dort ein Grundstück ausgesucht und wollten es kaufen. Ich wollte schon sofort den Kaufvertrag unterschreiben, habe mich aber dann entschieden, noch mal ein oder zwei Nächte drüber zu schlafen und dann wiederzukommen. Einige paar Tage später sind wir wieder in die Berge gefahren und wollten den Deal perfekt machen. Da meinte der Verkäufer zu uns: „Tut mir leid Herr Jantzen, ich habe das Grundstück schon an jemand anderen verkauft." Okay, Pech gehabt. Wie heißt es doch so schön: Wer zu spät kommt, den bestraft das Leben. Verkauft ist verkauft. Wir haben jedoch nicht aufgegeben, sondern wir haben intensiv weiter nach einem Grund-

Ein wunderschöner Blick von unserem Haus auf den Buyan-See.

Unser Gelände in Bedugul fällt terrassenförmig zum Buyan-See.

stück bei Bedugul gesucht. Wir haben lange gesucht und irgendwann stießen wir auf ein Gelände mit Erdbeer-Terrassen. Ein ganzer Berghang mit Erdbeer-Terrassen und einem schönen Baum. Da habe ich zu mir gesagt: „Hier kannst du ein wunderschönes kleines Wochenendhaus hinsetzen." Also habe ich den Besitzer aufgesucht und ihn gefragt, was ein

Für den Entwurf des Bungalows und des Haupthauses in Bedugul hatten wir einen Architekten aus Endangs Familie verpflichtet.

Are (100 Quadratmeter) kosten sollte. „Wie viel Land willst du denn kaufen?", meinte er. Nun ja, ich hatte so an 500 bis 1.000 Quadratmeter gedacht. Da fing er an zu lachen und sagte nur: „Tschüss." Ich wollte natürlich wissen, ob das ein Scherz sei. Da meinte er, dass er unter einem Hektar nicht verkaufen würde. Aber was sollte ich mit einem Hektar Land? Das war doch nur fürs Wochenende gedacht. Ich wollte entspannen und meine Ruhe dort haben. Doch mit dem Farmer war nicht zu reden, er beharrte auf seinem Plan. Ich habe noch einmal stark nachgedacht

Es lag mir sehr am Herzen, in unserem Alterssitz in Bedugul ein Gehege für Rehe einzurichten. Die Tiere können hier auf einem großen Gelände rumlaufen.

– und dann haben wir einen Hektar Land gekauft. Allerdings unter der Bedingung, dass wir eine Baugenehmigung für das Gelände erhielten. Als ich dann später auf die Baugenehmigung schaute, da musste ich feststellen, dass ich ein falsches Zertifikat in Händen hielt. Das war das Zertifikat für ein Grundstück nebenan. Dieses Grundstück gehörte aber dem Bruder. Und das hatten wir ohne Überprüfung, quasi blind unterschrieben. Was nun? Also ha-

Einmal Hamburger, immer Hamburger. Es versteht sich wohl von selbst, dass ich auch auf meinem Alterssitz in Bedugul die Hamburg-Flagge hisse.

be ich mit dem Bruder geredet. Das wäre alles kein Problem. Sie würden mir das andere Stück Land auch verkaufen. *[Reinhold lacht hier herzhaft.]* Und so haben wir mit allem Drum und Dran über die vielen Jahre einige Hektar Land zusammengekauft. Irgendwie kam immer noch ein Stück hinzu, weil die alten Farmer mir das Land von sich aus angeboten haben.

Mein „Lieblings-Spielzeug" – mit dem Quad kann ich unser bergiges Gelände in Bedugul stundenlang erkunden.

Sie gaben mir zu verstehen, dass sie das Geld schlichtweg zum Leben benötigen, da die Kinder in den Städten lebten und keine Farmer werden wollten. Da konnte ich natürlich nicht Nein sagen. Und so habe ich immer ein Stück Land mehr hinzugekauft. Heute haben wir ein schönes Haus auf dem

Berg mit einem wunderbaren 180-Grad-Blick auf den See. Das ist unser Alterssitz. Das Gelände ist terrassenförmig angelegt. Meine Frau liebt Rosen, also haben wir zahlreiche wunderschöne Rosenbeete angelegt, dazu haben wir später einige Treibhäuser bauen lassen. Das ist bis heute nicht kostendeckend, sondern immer nur noch ein Hobby. Aber meine Frau mag das gerne und ich finde es auch schön.

Ich sage immer zu meiner Frau, wenn ich nach Bedugul komme: „Ich will keinen Ärger. Ich will nur relaxen." Alles, was mir hier Ärger bringt, das schaffe ich mir vom Hals. Hier will ich meine Ruhe haben. Bei dem bergigen Gelände, das wir hier haben, kann ich nicht mehr zu den Treibhäusern runtergehen und dann wieder hoch zum Haus stiefeln. Das schaffe ich nicht mehr. Der Weg ist zu steil. Aber ich habe meine beiden Quads, mit denen ich hier rumfahre. Das sind Einsitzer, einer mit einem 850-Kubikzentimeter-Motor auf vier Rädern. Was mir immer sehr viel Freude bereitet, ist eine Fahrt mit dem Quad in den Dschungel hinein. Das bringt Spaß! Es sind dort zum Teil gutbefahrbare Wege und Straßen. Ich nehme immer mein Handy mit, falls irgendwas passieren sollte. Ich fahre meist eine Stunde bei gutem Wetter durch die Gegend und komme dann zurück. Das ist ein bisschen Abenteuer, vor allem mal etwas Anderes als Spazierengehen. Die Leute sind alle freundlich und man grüßt sehr freundlich zurück. Man unterhält

So steil geht es bergab oder bergauf in Bedugul. Diesen Anstieg kann ich nicht mehr zu Fuß meistern, dafür habe ich auch mein Quad.

sich kurz: Wie geht's dir? Was macht die Familie? So kann ich sehr gut den Kontakt zu den Leuten in

Bedugul halten. Solch ein großes Gelände mit Haus wie unser Anwesen in Bedugul muss gepflegt und bewacht werden. Also habe ich für unsere Hausangestellten und später auch für die javanischen Gärtner und deren Familien ein eigenes Haus an einem anderen Hang bauen lassen. Wenn das Personal die

Für unsere Anstellten haben wir in Bedugul ein eigenes Haus bauen lassen.

Arbeitsstätte wechseln möchte, ist das in Ordnung. Ich möchte aber nicht, wenn wir ihnen das Kochen, die Hausarbeiten und die ganze Gartenarbeit so beigebracht haben, wie wir das gerne möchten, dass sie dann plötzlich aufhören und eines Tages abhauen. Es ist doch ganz klar, dass wir die Angestellten mindestens einige Jahre bei uns behalten möchten. Der Vorteil für unsere Angestellten in Bedugul ist, dass sie keine Unterbringungskosten zahlen müssen. Jeder bekommt von uns persönlich eine Kranken- und eine Lebensversicherung bezahlt. Die Lebensversicherung kann verrentet werden. Wir waren die Ersten in der freien Wirtschaft auf Bali, die für die gesamten Angestellten eine Rentenversicherung abgeschlossen haben. Mit Ausnahme von den internationalen Hotels, die das schon vorher gemacht haben. Wir versuchen, unsere Angestellten natürlich so lange wie möglich bei uns zu halten. Wenn sie aber die Arbeitsstelle bei uns aufgeben und wir dann die Rentenversicherung kündigen, bevor sie das gesetzliche Rentenalter von 55 Jahren erreicht haben – mit 55 Jahren geht man in Indonesien in der Regel in Rente –, dann kriegen sie kein Geld mehr raus. Das haben wir im Vertrag festgelegt. Ohne Vertrag lassen sich solche Arbeitsverhältnisse heute nicht regeln und absichern – auch nicht auf Bali.

Kapitel 23

Und zum Schluss

Wenn ich zurückblicke, dann habe ich in meinem Leben nicht viele Erlebnisse oder Erfahrungen gemacht, die mich heute schwer belasten. Ich habe nichts, wo ich sage: Ach, das war furchtbar. Außer dem tödlichen Motorradunfall von meinem Sohn Jan, das ist ohne Frage das Schlimmste, was mir je passiert ist. Dieses Unglück möchte ich gerne ungeschehen machen, wenn ich könnte. Seit der Zeit gibt es keine Motorräder in unserer Familie. Ansonsten würde ich alles noch mal so machen wie gehabt. Wenn es mal Probleme gab, dann habe ich stets irgendwie einen Weg herausgefunden. Natürlich lief in meinem Leben nicht alles rund. Wir haben in den Anfangsjahren unserer Selbstständigkeit auf Bali große und schwerwiegende Probleme gehabt. Wenn ein schlechter Artikel in der Zeitung erschien oder die Immigration an die Tür klopfte, dann habe ich

Es war eine historisch einmalige Versammlung von hochrangigen Persönlichkeiten. Der Einladung des deutschen Honorarkonsuls Reinhold Jantzen (blaue Krawatte) zum Consular Lunch Lunch im St. Regis Hotel in Nusa Dua...

... folgte das gesamte Bali Consular Corps mit den Ehrengästen Pangdam IX Udayana, Mayjen TNI Hotmangaradja Pandjaitan und Kapolda Bali, Irjen Pol. Teuku Ashikin Husein.

nicht verzweifelt, war aber oftmals sehr verunsichert. Ich habe dann meine Frau in den Arm genommen und gesagt: „Mädchen, komm', wie regeln wir beide diese Sache? Wie machen wir das? Wir kriegen das schon irgendwie hin. Wir beide machen das!"

Wie ich es schon einmal erwähnt habe: Ich bin sehr glücklich, dass ich zu einer Zeit meinen Dienst als Honorarkonsul auf Bali ableisten durfte, wo das auch honoriert wurde. Es ist eine Aufgabe, die man sich so zunächst nicht vorstellen kann, aber man wächst in diese Arbeit und in die Verantwortung rein. Und wenn man da richtig reingewachsen ist, dann möchte man diese Aufgabe auch nicht mehr missen. Und ich möchte auch nicht die vielen lokalen und internationalen Persönlichkeiten aus Politik und Wirtschaft, Kultur und Tourismus missen, die ich durch meine Tätigkeit als Honorarkonsul von Bali über die vielen Jahre kennengelernt habe. Das waren meist sehr schöne, intensive und unterhaltssame Begegnungen, die mein Leben ungemein bereichert haben. Ein Höhepunkt war ohne Frage das Zusammentreffen aller Konsuln plus Ehrengäste beim traditionellen Conlusar Lunch im St. Regis Hotel in Nusa Dua. Alle waren meiner Einladung gefolgt, wie man auf den Fotos auf den vorherigen beiden Seiten sehen kann. Von solchen besonderen Momenten werde ich auch die verbleibende Zeit meines Lebens immer zehren. Ich bin kein perfekter Mensch. Ich habe meine Stärken und ich habe mit Sicherheit meine Schwächen – wie jeder andere Mensch auch. Ja, ich habe auch Schwächen. Wie soll ich es sagen... Wenn ich mit guten Bekannten und Freunden gemütlich zusammensitze, dann kann ich mich sehr gut eine längere Zeit über Gott und die Welt unterhalten. Manchmal vielleicht ein wenig zu viel.

Kapitel 24

Danksagung

Ohne einen Besuch 2016 in meiner geliebten Heimatstadt Hamburg wären diese Erinnerungen wohl nicht zu Papier gekommen. Meine Nichte Julia Reymann hatte uns zu ihrer Hochzeit eingeladen und wir sind mit Kind und Kegel von Bali nach Hamburg gereist. In einer kleinen Runde zum Geburtstag meines Neffen Andreas Reymann einige Tage nach der Hochzeit erzählte ich von meinem sehnlichsten Wunsch, endlich meine Memoiren zu schreiben. Doch ich selbst kann nicht schreiben, das müsste schon ein Journalist machen. Worauf eine liebenswerte Dame in der Runde meinte: „Hier sitzt einer am Tisch!" Ich musste mich nicht großartig umschauen, um meinen heutigen Autor Willi Andresen ausfindig zu machen. Wir waren nur sechs Personen, die an jenem wunderschönen Sommerabend in Övelgönne auf der Terrasse eines Restaurants beim Fischessen zusammensaßen. Und so wurde aus der Idee schnell ein Projekt, zu dem viele Freunde und langjährige Wegbegleiter beigetragen haben. Einigen möchte ich meinen besonderen Dank aussprechen. Das ist natürlich erst einmal meine Familie – meine liebe Frau Endang, meine Tochter Nicole und meine beiden Söhne Michael und Robert. Ich danke auch meinem ganzen Team im deutschen Konsulat in Sanur. Allen voran stellvertretend für alle möchte ich namentlich Eling Yulia nennen.

Großen Dank auch an alle, die mit ihren zahlreichen Erinnerungen an gemeinsame Tage und Taten sowie ihren persönlichen Kommentaren sehr viel zu dem Gehalt meiner Lebenserinnerungen beigetragen haben. Mein persönlicher Dank geht an Bruno Hasenpusch, Michael Rottmann, Brigitte Lohmann-Wörner, Jürgen Schreiber, Alfred und Trudie Körner und Wolfgang von Landenberg. Nicht vergessen möchte ich alle Mitarbeiter des Auswärtigen Amtes und alle deutschen Botschafter in Indonesien, die mich während meiner Amtszeit als Honorarkonsul von Bali unterstützt und begleitet und ertragen haben. Auch möchte ich mich für das große Einfühlungsvermögen und das großartige Engagement meines Autors und inzwischen Freund gewordenen Willi Andresen bedanken. Ich hoffe, ihm haben die Aufenthalte und langen Gespräche auf meinem geliebten Bali gefallen.

Kapitel 25

Mein Autor

Willi Andresen...

...arbeitet seit 40 Jahren als freischaffender Autor im Bereich Popmusik, Entertainment und Sport. Er führte unzählige Interviews mit Stars wie u. a. Madonna, Sting, Paul Simon, Bryan Ferry, Lou Reed, Eric Clapton, Joe Cocker, Tom Jones, Carlos Santana, James Taylor, Al Jarreau, John Lee Hooker, Tom Petty, J. J. Cale, Branford Marsalis, Jean-Michel Jarre, Bryan Adams, Sir George Martin, Ringo Starr, Julian Lennon, Dire Straits, Deep Purple, Bee Gees, Rolling Stones und schrieb unzählige Porträts und Kritiken für Tageszeitungen, Illustrierte und Magazine wie u. a. Hamburger Abendblatt, WAZ, Zeit Magazin, Stern, Playboy sowie für Musik-Fachmagazine wie stereoplay, Audio und hifi & records. Als alleiniger deutscher Autor des Wissensspiels TRIVIAL PURSUIT schrieb er zwischen 1986 und 2012 über 200.000 Fragen & Antworten für alle unterschiedlichen Themen-Editionen des weltbekannten Brettspiel-Klassikers. Weitere Informationen zu Person und Berufsprofil finden Sie auf seiner Website: www.williandresen.com

Kapitel 26

Bildnachweis

Porträt Buchcover:
Tati Foto Centre, Perwata Kantiana

Kapitel:
„Bali bombing" von Bruno Hasenpusch   14
Privatfoto Eling Yulia   22
Privatfoto Eling Yulia   23
Ablichtung von Artikel aus „Bali Sun" vom 05.07.2002   24
Bruno Hasenpusch   25
Ablichtung von zwei Urkunden   35, 36
Brief von Joschka Fischer   37
Indonesischer Unabhängigkeitstag auf Bali, Foto von Pras   42
Amtsantritt Gouverneur 2003-2008, Foto von Pras   45
Privatfoto von Frau Endang Jantzen   46
Menükarte, Privatfoto von Reinhold Jantzen   70
Ausgehändigt von Mitarbeiter des Bundeskanzlers Helmut Kohl   72
Balinesische Postkarte, Bruno Hasenpusch   74
Postkarte Bundeskanzler Gerhard Schröder, Bruno Hasenpusch   75
Ausgehändigt vom Botschafter der deutschen Botschaft Jakarta   77
Privatfoto Reinhold Jantzen   78
Foto von Mitarbeiterin des Honorarkonsulats   79
Foto von Mitarbeiterin des Honorarkonsulats   80
Foto vom Protokoll des Bundespräsidenten Rau   86
Walter Hänes   90
Privatfoto Reinhold Jantzen   92
Privatfoto Reinhold Jantzen   93

Walter Hänes   94
Privatfoto von Frau Endang Jantzen   99
Privatfoto von Frau Verra Jantzen   102
Tati Foto Centre, Perwate Kantiana   104
Zeitungsartikel „Bali Post" vom 19.11.2015   107
Sanur Foto Centre, Joe Rosarius   112
Sanur Foto Centre, Joe Rosarius   113
Sanur Foto Centre, Joe Rosarius   114
Urkunden   115, 116
TV-Bild   117
Tjokorda Gde Budi Saryawan, SH   123
Urkunde   124
Ablichtung von Foto Hilmar Pabel, Reinhold Jantzen   127
Privatfoto von Reinhold Jantzen   130
Privatfoto von Reinhold Jantzen   134
Privatfoto von Reinhold Jantzen   164
Privatfoto von Ernst Jantzen   166
Privatfoto von Hausangestellte Familie Jantzen,
    Bu Nyoman   178
Privatfoto von Bu Agung   188
Privatfoto von Putu Partama   219
Privatfoto von Herrn Kleiss   230
Privatfoto von Frau Endang Jantzen   231
Privatfoto von Bapak Bambang   246
Privatfoto von Hausangestellte Familie Jantzen,
    Bu Nyoman   250
Privatfoto von Ibu Wiwek   253
Privatfoto von Pak Ketut   254
Privatfoto von Michael Jantzen   265
Privatfoto von Ibu Ida   267
Peter Kersten   280, 283, 284, 286
Privatfoto von Willi Andresen (2 Fotos)   298
Privatfoto von Willi Andresen   299
Privatfoto von Frau Endang Jantzen   300

Privatfoto von Frau Endang Jantzen   301
Privatfoto von Michael Jantzen   302
Privatfoto von Willi Andresen   304
Privatfoto von Reinhold Jantzen   305
Frank Beck   308, 309
Privatfoto von Willi Andresen   315

Kapitel 27

Index

Abdulrahman, Lisa   182
Adenauer, Konrad   128
Afe, Jupp   219
Arianto, Hany   291
Arko   150, 151, 152
Ardhika, I Gede   46

Bachtiar, Drs. Dai   14
Bali Bombing   22, 32, 292
Bandaranaike, Sirimavo   157
Beck, Robert   223, 224
Beratia, Dewa Made   45
Boudré-Gröger   38
Brandl, Franz   119
Bugis People   208, 209
Bundesverdienstkreuz   109, 113-117, 119, 120
Bupati von Gianyar   122

Djelantik, Dr. Made Sudewa   290
Dorgarten, Frank   205
Dwipa, Dr. Andre   61

Eling Yulia   17, 43, 314
Enzi's Blasband   230
Erhard, Ludwig   128

Farmer, Bill   22
Fischer, Joschka   37, 38
Fischer, Jürgen   228
Frazer, George   291
Fulda, Dr. Joachim   33, 114, 117

Gabriel, Sigmar   80, 81
Graf, Gerd   288
Gruzka, Hermann   145

Hänes, Walter   89
Hamburger Ärzte-Orchester   67, 68
Hasenpusch, Bruno   16, 24-27, 29, 32, 36, 314
Heder, Fritz   148, 149
Herzog, Roman   112, 120
Herzog, Theo   120, 121
Heuss, Theodor   110, 119
Hügel-Fürsten-Prinzip   28
Honorarkonsul (Definition)   40
Hoss, Ludwig   168
Husein, Irjen Pol. Teuku Ashikan   309

Jantzen, Endang   79, 102, 104, 113, 135, 136, 168, 169, 177, 178, 180, 182-188, 191-196, 199, 200, 214, 215, 229, 233-235, 237-239, 244-246, 250, 252-256, 258, 265, 268, 288-290, 299, 314
Jantzen, Eltern (Reinhold)   124-142, 163-171, 175, 192
Jantzen, Ernst Karl-Friedrich   129, 130, 134, 137
Jantzen, Geschwister (Reinhold)   129-142
Jantzen, Jan Ernst   44, 105, 161 163-170, 173-175, 177-180, 184, 186, 247
Jantzen, Michael   102, 105, 113, 160, 173, 178, 231, 232, 249, 251, 255, 267, 314

Jantzen, Nicole   173, 200, 231, 249, 251, 253, 268, 314
Jantzen, Petra   143, 146, 163, 192
Jantzen, Robert   90, 101, 102, 105, 160, 173, 178, 231, 232, 249, 251, 255, 256, 267, 268, 273, 314
Jugend-Jazz-Orchester Baden- Württemberg   65

Kabel, Heidi   120
Kapolda   14, 53, 54, 309
Kauder, Volker   78, 80
Kersten, Peter 286
Kisumo, Jaki (General)   214, 215
Knoll, Mathias   283, 284
Kodam IX, Kasdam Brigjen William T. da Costa   25
Kohl, Helmut   72, 73
Kompyang, Ida Bagus   42
Körner, Alfred   98, 314
Körner, Trudi   314

Lamle, Dr. Dieter   111, 112
Linder, Uwe   283, 284
Lohmann-Wörner, Brigitte   44, 195, 196, 242, 258, 261, 314

Mama's German Restaurant   16, 23, 24, 59, 100, 118, 229, 230, 239, 261, 263, 269, 274
Merkel, Angela   79
Mey, Reinhard   168
Mudadalam   177
Mutter Teresa   126, 127

Oka, Ida Bagus   82

Paddy's Bar   18
Pandjaitan, Mayjen TNI Hotmangaradja   309

Pangdam IX Udayana   32, 309
Panglima   32
Pabel, Hilmar   125-128
Petermann, Fritz   144, 145
Petersen, Bernie   139, 140
Prinz von Bayern   70, 71

Rau, Christina   86
Rau, Johannes   73, 85, 86, 114
Reymann, Andreas   175, 249, 314
Reymann, Julia   249, 312
Riesenhuber, Heinz   79
Rotary Club Kuta   281, 282 290-292
Rotary International   281 282, 284
Rottmann, Michael   32, 33, 314
Ruge   143

Sanglah Krankenhaus   17, 61, 106, 107, 290
Sari Club   16, 18, 20
Save havens   28
Schah von Persien   147
Schäuble, Wolfgang   79, 80
Schertler, Manfred   263
Schmidt, Helmut   75 76, 79, 120
Schwaab, Dietmar   58
Schreiber, Dr. Jürgen   118, 314
Schröder, Gerhard   73-75
Seemann, Dr. Heinrich   99, 111-113, 121, 122
Seemann, Karin   99
Siolam Krankenhaus   60
Soebekti   185
Soeroso   184
Spiegel, Der   17-19
Spielberg, Steven   120

Spies, Walter   121-125
Stahlhacke, Dr.   209
Stümer (Frisör)   198
Sudarma, Wayan   291
Suharto, Haji Mohamed   25, 26, 105, 257
Sukarno   257
Sulkarnoputri, Megawati   14

Trittin, Jürgen   80
Tutik   187
UNESCO   285

Volkmann, Rudi   201
von Landenberg, Wolfgang   96, 97, 298
von Maltzahn, Baron Freiherr   80
von Weizsäcker, Richard   73, 87-95

Wikipedia   20

Zrim, Joze   258

Das Buch wurde auf von FSC® (Forest Stewardship Council®) zertifiziertem Papier gedruckt.